Luciano S. Leite

PSICOLOGIA COMPORTAMENTAL

1ª EDIÇÃO

Av. Paulista, 901, 3º andar
Bela Vista - São Paulo - SP - CEP: 01311-100

SAC Dúvidas referentes a conteúdo editorial, material de apoio e reclamações:
sac.sets@somoseducacao.com.br

Direção executiva	Flávia Alves Bravin
Direção editorial	Renata Pascual Müller
Gerência editorial	Rita de Cássia S. Puoço
Aquisições	Rosana Ap. Alves dos Santos
Edição	Paula Hercy Cardoso Craveiro
	Silvia Campos Ferreira
Produção editorial	Laudemir Marinho dos Santos
Projetos e serviços editoriais	Breno Lopes de Souza
	Josiane de Araujo Rodrigues
	Kelli Priscila Pinto
	Laura Paraíso Buldrini Filogônio
	Marília Cordeiro
	Mônica Gonçalves Dias
Revisão	Gilda Barros Cardoso
Diagramação	Ione Franco
Capa	Deborah Mattos
Impressão e acabamento	Bartira

DADOS INTERNACIONAIS DE CATALOGAÇÃO NA PUBLICAÇÃO (CIP)
ANGÉLICA ILACQUA CRB-8/7057

Leite, Luciano S.
  Psicologia comportamental / Luciano S. Leite. – São Paulo: Érica, 2020.
    160 p.: il., color. (Série Eixos)

  Bibliografia
  ISBN 978-85-365-3299-8

  1. Psicologia 2. Comportamento humano 3. Inteligência emocional 4. Comportamento organizacional 5. Administração de pessoal 6. Ética organizacional I. Título

20-1525
CDD 150
CDU 159.9

Índice para catálogo sistemático:
1. Psicologia comportamental: Administração de pessoal

Copyright © Luciano S. Leite
2020 Saraiva Educação
Todos os direitos reservados.

1ª edição
2020

Nenhuma parte desta publicação poderá ser reproduzida por qualquer meio ou forma sem a prévia autorização da Saraiva Educação. A violação dos direitos autorais é crime estabelecido na Lei n. 9.610/98 e punido pelo art. 184 do Código Penal.

| CO | 702826 | CL | 642562 | CAE | 726595 |

AGRADECIMENTOS

Agradeço aos meus pais, que me deram a oportunidade de estudar.

À minha família, por sempre me incentivar .

À equipe da Editora Érica, por tornar meu sonho realidade!

ESTE LIVRO POSSUI MATERIAL DIGITAL EXCLUSIVO

Para enriquecer a experiência de ensino e aprendizagem por meio de seus livros, a Saraiva Educação oferece materiais de apoio que proporcionam aos leitores a oportunidade de ampliar seus conhecimentos.

Nesta obra, o leitor que é aluno terá acesso ao gabarito das atividades apresentadas ao longo dos capítulos. Para os professores, preparamos um plano de aulas, que o orientará na aplicação do conteúdo em sala de aula.

Para acessá-lo, siga estes passos:

1. Em seu computador, acesse o link: **http://somos.in/PC01**
2. Se você já tem uma conta, entre com seu login e senha. Se ainda não tem, faça seu cadastro.
3. Após o login, clique na capa do livro. Pronto! Agora, aproveite o conteúdo extra e bons estudos!

Qualquer dúvida, entre em contato pelo e-mail **suportedigital@saraivaconecta.com.br**.

SOBRE O AUTOR

Luciano S. Leite é psicólogo, formado pela Faculdades Integradas de Guarulhos (1998) e pós-graduado em Administração de Recursos Humanos pelo Centro Universitário UniSantanna (2000). Atuou como docente do SENAC/SP e em outras instituições ministrando disciplinas relacionadas ao comportamento humano, empreendedorismo e gestão de empresas. Foi coordenador e consultor interno de RH em diversas empresas, executando projetos nas áreas de seleção, treinamento e qualidade. Atualmente, é docente da pós-graduação nos cursos de Gestão de Recursos Humanos, Psicologia Organizacional, Psicopedagogia, Gestão de Projetos e Gestão de Negócios. Ministra aulas de Recrutamento e Seleção, Liderança, Comunicação, Ética e Sistemas, Qualidade de Vida no Trabalho, Treinamento e Desenvolvimento, Gestão de Comunicação e Pessoas, Gestão de Processos e Qualidade, Gestão de Mercados e Estratégias de Marketing, Estratégia Executiva, Consultoria e Processos em RH, Capacitação e Desenvolvimento, Seleção e Dinâmicas de Grupo, Desenvolvimento Organizacional, Gestão do Conhecimento, Metodologia da Pesquisa Científica etc. na Faculdade Anhanguera. Realiza projetos de consultoria, além de ministrar palestras e cursos sobre mercado de trabalho, desenvolvimento humano, criatividade e inteligência emocional.

SUMÁRIO

Capítulo 1 - Introdução sobre Psicologia 15

   1.1 Origem 16

   1.2 Áreas de estudo 16

   1.3 Psicologia e sociedade 17

   1.4 Psicologia organizacional 18

   1.5 Perspectivas psicológicas 19

      1.5.1 Psicologia behaviorista 19

      1.5.2 Psicologia cognitiva 19

      1.5.3 Psicologia humanística 20

      1.5.4 Psicanálise 21

   Agora é com você! 22

Capítulo 2 - Comportamento Humano 23

   2.1 Definição de comportamento 24

   2.2 Características dos comportamentos 24

   2.3 Cultura e comportamento 25

   2.4 Psicoterapias comportamentais 25

   2.5 Comportamento desajustado 26

      2.5.1 Insanidade, neurose e psicose 27

      2.5.2 Distúrbios afetivos 27

      2.5.3 Distúrbios de ansiedade 28

      2.5.4 Distúrbios de personalidade 29

   2.6 Personalidade e comportamento 29

      2.6.1 Definição de personalidade 29

      2.6.2 Traços de personalidade 30

      2.6.3 Tipos de personalidade 31

      2.6.4 Personalidade e ambiente organizacional 31

   2.7 Identidade 32

      2.7.1 Temperamentos 32

      2.7.2 Papéis sociais 33

      2.7.3 Crises de identidade 34

   2.8 Identidade e cultura 34

   Agora é com você! 36

Capítulo 3 - Inteligência 37

   3.1 Inteligência ao longo da história 37

   3.2 Inteligências múltiplas 38

   3.3 Inteligência e criatividade 39

   3.4 Desenvolvendo a criatividade 39

   3.5 Inteligência emocional 40

      3.5.1 Definição e importância da inteligência emocional 41

3.5.2 Pilares da inteligência emocional ... 41

3.6 A influência das emoções nos comportamentos ... 42

3.7 Desenvolvendo a inteligência emocional ... 42

3.8 Percepção e atitude ... 43

3.8.1 O que é percepção? ... 43

3.8.2 Fatores que influenciam a atenção e a percepção ... 44

3.8.3 Influência da percepção no comportamento humano ... 44

3.8.4 Percepção e julgamento de outras pessoas ... 45

3.8.5 Autopercepção e as relações com o mundo externo ... 45

3.9 Vida afetiva ... 46

3.9.1 Emoções ... 46

3.9.2 Amor, alegria e felicidade ... 47

3.9.3 Raiva, medo e tristeza ... 48

3.9.4 Emoções no ambiente organizacional ... 49

Agora é com você! ... 50

Capítulo 4 - O Indivíduo nas Organizações ... 51

4.1 Conceito de organização ... 51

4.2 O homem e o trabalho ... 52

4.3 Comportamento organizacional ... 52

4.4 Teorias comportamentais ... 53

4.5 Relações humanas no trabalho ... 54

4.5.1 Relações intrapessoais ... 54

4.5.2 Relações interpessoais ... 55

4.5.3 Relações intergrupais ... 55

4.5.4 Relações humanas no trabalho ... 56

4.6 Cultura organizacional ... 57

4.6.1 Princípios e valores organizacionais ... 57

4.6.2 Elementos que constituem cultura organizacional ... 58

4.6.3 Missão, visão e valores ... 59

4.7 Ética corporativa ... 59

4.7.1 Ética e moral ... 60

4.7.2 Ética profissional ... 60

4.7.3 Ética nos negócios ... 61

4.7.4 Códigos de conduta e ética corporativa ... 62

Agora é com você! ... 63

Capítulo 5 - Mudança Organizacional ... 65

5.1 Conceitos e variáveis que influenciam a mudança ... 65

5.2 Resistências à mudança e o papel da liderança ... 66

5.3 Resiliência ... 67

5.4 Gerenciamento das mudanças ... 68

5.5 Liderança ... 69

5.5.1 Liderança, suas atribuições e características ... 69

5.5.2 Estilos de liderança 70
5.5.3 Liderança na prática 70
5.5.4 Outras abordagens sobre liderança 71

5.6 Trabalho em equipe 72
5.6.1 Definições de grupos e equipes 72
5.6.2 Como se formam os grupos e as equipes 73
5.6.3 Tipos de grupos e equipes 74
5.6.4 Desenvolvimento e normatização dos grupos 75

5.7 Negociação 75
5.7.1 Conceitos básicos e elementos fundamentais da negociação 76
5.7.2 Etapas do processo de negociação 76
5.7.3 Estilos de negociadores 78
5.7.4 Estratégias e técnicas de negociação 78

5.8 Mediação e resolução de conflitos 79
5.8.1 Conceituação e classificação de conflitos 79
5.8.2 Conflitos nas relações de grupos e percepção de conflito 80
5.8.3 Gestão ou administração de conflitos 81
5.8.4 Mediação de conflitos 81

5.9 Comportamentos inadequados no trabalho 82
5.9.1 Fofocas e boatos 82
5.9.2 Agressividade 83
5.9.3 Mentiras 84
5.9.4 Deslealdade no ambiente de trabalho 84

Agora é com você! 85

Capítulo 6 - Gestão Estratégica de Pessoas 87

6.1 Subsistemas de Recursos Humanos 87

6.2 Recrutamento e seleção 88

6.3 Treinamento e desenvolvimento 89

6.4 Gestão por competências 89

6.5 Conhecimento e aprendizado nas organizações 91
6.5.1 Informação, conhecimento e aprendizado 91
6.5.2 Organizações que aprendem 91
6.5.3 Universidades corporativas 93
6.5.4 Novas metodologias e o futuro da educação coorporativa 93

6.6 Aprendizagem 94
6.6.1 Teorias sobre o processo de aprendizagem 94
6.6.2 Tipos de aprendizagem 95
6.6.3 Dificuldades no processo de aprendizagem 96
6.6.4 Motivação e aprendizagem 96

6.7 Avaliação de desempenho 97
6.7.1 Vantagens da avaliação de desempenho 97
6.7.2 Formatos de avaliação de desempenho 98
6.7.3 Funcionamento e implantação da avaliação de desempenho 99
6.7.4 Sistema de avaliação 100

Agora é com você! 101

Capítulo 7 - Orientação de Carreira 103

    7.1 Importância do autoconhecimento 103

    7.2 *Coaching* e *mentoring* 104

    7.3 *Networking* 105

    7.4 Plano de Desenvolvimento Individual (PDI) 106

    7.5 Motivação 107

        7.5.1 Conceitos sobre motivação 107

        7.5.2 Motivação intrínseca × motivação extrínseca 108

        7.5.3 Principais teorias motivacionais 108

        7.5.4 Satisfação e envolvimento no trabalho 109

    7.6 Empoderamento 110

        7.6.1 Definições e características do empoderamento 111

        7.6.2 Etapas para os processos de empoderamento 111

        7.6.3 Autonomia e autoridade 112

        7.6.4 Empoderamento no ambiente de trabalho 112

    7.7 Clima organizacional 113

        7.7.1 Características do clima organizacional 113

        7.7.2 Consequências do clima organizacional 114

        7.7.3 Pesquisa de clima organizacional 115

        7.7.4 Estratégias para interferir no clima organizacional 116

    Agora é com você! 117

Capítulo 8 - Comunicação 119

    8.1 Processo de comunicação 119

    8.2 Comunicação não verbal 120

    8.3 Canais de comunicação nas organizações 121

    8.4 Barreiras no processo de comunicação 122

    8.5 Gerações diferentes × interações de pessoas 122

        8.5.1 Geração *Baby Boomers* 123

        8.5.2 Geração X 123

        8.5.3 Gerações Y e Z 124

        8.5.4 Interações entre as gerações na organização 125

    Agora é com você! 126

Capítulo 9 - Atitude Empreendedora 127

    9.1 Comportamento proativo 127

    9.2 Conceito e características do empreendedorismo 128

    9.3 Empreendedorismo 129

    9.4 Intraempreendedorismo 129

    9.5 Processo decisório 130

        9.5.1 Conceituação sobre o processo de decisão 130

        9.5.2 Tipos e formatos de decisões 131

        9.5.3 Etapas do processo decisório 131

        9.5.4 Tipos de ambientes para decisão 132

9.6 Poder e política na organização 132

9.6.1 Conceitos sobre poder e política 133

9.6.2 Influência e persuasão 133

9.6.3 Autoridade e legitimidade 134

9.6.4 Assédio moral e sexual 135

9.7 Responsabilidades no ambiente de trabalho 135

9.7.1 Sustentabilidade 136

9.7.2 Responsabilidade social 136

9.7.3 Responsabilidade ambiental 137

9.7.4 As empresas e a responsabilidade 138

9.8 Comprometimento no trabalho 139

9.8.1 Conceito 139

9.8.2 Fatores que interferem no compromisso com trabalho 139

9.8.3 Consequências positivas do engajamento no trabalho 140

9.8.4 Ações que visam integrar e envolver os profissionais 141

Agora é com você! 142

Capítulo 10 - Saúde Mental e Trabalho 143

10.1 Saúde e doença mental no trabalho 143

10.2 Fatores de risco à saúde mental no trabalho 145

10.3 Estresse ocupacional 145

10.4 Síndrome de *burnout* 146

10.5 Como as empresas lidam com as doenças mentais 147

Agora é com você! 148

Capítulo 11 - Qualidade de Vida no Trabalho 149

11.1 Dimensões da qualidade de vida 149

11.2 Satisfação e bem-estar no trabalho 150

11.3 Estratégias organizacionais para lidar com estresse 151

11.4 Programas de qualidade de vida no trabalho 151

11.5 Temas contemporâneos sobre o trabalho 152

11.5.1 Futuro do trabalho 153

11.5.2 Trabalho à distância 153

11.5.3 Automatização e robotização do trabalho 154

11.5.4 Ócio criativo 155

11.5.5 Empregabilidade e trabalhabilidade 155

Agora é com você! 156

Referências bibliográficas 159

APRESENTAÇÃO

O livro de *Psicologia Comportamental* aborda noções sobre os mecanismos da mente humana, suas influências sobre os comportamentos e os estados emocionais, e a maneira como estes podem ser afetados por seus pensamentos e suas emoções.

Veremos que a Psicologia e seu estudo "da alma" contribuíram para que o conceito da mente fosse difundido entre filósofos e pesquisadores. Esse campo de conhecimento também foi pioneiro no estudo da vida do indivíduo em sociedade, na interação entre pessoas, a vida em sociedade e sua influência no comportamento, dando origem à Psicologia Social, à Sociologia e à Antropologia. Trata, ainda, do comportamento relacionado à família, às empresas e aos amigos, levando em conta sentimentos, emoções, a maneira adequada de conviver em sociedade e ser aceito para conseguir seus objetivos.

A Psicologia desenvolve o estudo do indivíduo como um todo (tanto no campo físico quanto no mental), as influências que recebe dos fatores genéticos, grupos sociais, cultural, costumes do país em que vive, e toda a educação formal e informal recebidas no decorrer de sua existência.

As organizações são criadas e mantidas por pessoas. Essa afirmação revela a importância da Psicologia entre aqueles que administram as organizações.

Compreender que o ser humano é único, possui qualidades, desejos e limitações foi um salto para o as organizações começarem a visualizar os trabalhadores de maneira humanizada.

O ambiente organizacional possui características e necessidades específicas, que levaram ao surgimento de estudos voltados para a compreensão das relações dentro do ambiente de trabalho, surgindo a Psicologia Organizacional. Entre seus temas estudados, estão a motivação humana, as características de personalidade, o funcionamento das equipes de trabalho, o papel da liderança e os componentes da saúde mental no trabalho.

Espero que esta obra seja proveitosa para você, leitor, e o incentive a buscar cada vez mais conhecimento a respeito dessa área de estudo tão fascinante que é a Psicologia.

O autor

1
INTRODUÇÃO SOBRE PSICOLOGIA

PARA COMEÇAR

Neste capítulo, estudaremos os mistérios da mente humana, juntamente com grupos de pensadores que buscam explicações para os comportamentos e os estados emocionais. Veremos, ainda, o avanço da Psicologia nas investigações da mente.

Entender o que acontece na mente sempre foi um dos grandes mistérios e curiosidades da humanidade.

A mente é uma faculdade do cérebro que permite ao ser humano compilar informação, analisá-la e elaborar conclusões. Cientistas, professores, filósofos e religiosos são apenas alguns grupos de pensadores que procuram explicações para os comportamentos e os estados emocionais. Além desses investigadores da mente, há os psicólogos, que são profissionais dedicados exclusivamente a interpretar como a mente se organiza e a auxiliar aqueles que querem entendê-la melhor.

FIQUE DE OLHO!

A Neurociência estuda o funcionamento da mente, por meio da atividade cerebral. A Psicologia, por sua vez, estuda o comportamento da mente, com base nas práticas psicoterápicas.

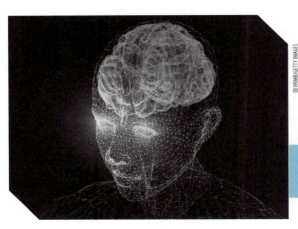

Figura 1.1 - A palavra mente origina do latim *méntem* e significa "pensar, conhecer, entender".

15

Por se tratar de uma ciência relativamente nova, a Psicologia ainda tem muito a desenvolver e contribuir com a sociedade. Porém, os avanços obtidos reforçam sua importância e demonstram que a humanidade tem se preocupado cada vez mais com a necessidade de perceber e compreender o que acontece no íntimo de cada um.

1.1 Origem

A palavra psicologia é derivada das expressões "psique", que significa alma, e "logia", que significa estudo. Portanto, Psicologia significa "estudo da alma". Tal ciência nasceu da filosofia, porém, na época dos grandes filósofos ainda não existia o conceito de mente e, muito menos, da divisão entre corpo e alma. No entanto, aquilo que acontecia no íntimo do ser humano era considerado parte da alma.

Obras de diversos filósofos da Antiguidade, como Platão e Aristóteles, já se propunham a interpretar o funcionamento da alma. Da Antiguidade aos dias atuais, inúmeros livros e estudos procuraram explicar os diferentes tipos de temperamentos, as variações de humor, os distúrbios psicológicos e o conceito de normalidade.

Wilhelm Maximilian Wundt (1832-1920), médico e filósofo alemão, é considerado um dos fundadores da Psicologia moderna. Entre suas contribuições para a formação da ciência estão a publicação do livro *Princípios da Psicologia Fisiológica*, em 1873, e a criação do primeiro laboratório de psicologia em 1879, na Universidade de Leipzig, na Alemanha.

FIQUE DE OLHO!

Duas atividades eram desenvolvidas no laboratório de psicologia: curso introdutório de um semestre para os novos estudantes, com o intuito de familiarizá-los com os instrumentos, métodos e técnicas experimentais; e atividades especiais para os antigos estudantes.

Wundt também iniciou estudos em dois campos: na Psicologia Experimental, realizada em laboratórios, e na Psicologia Social ou Psicologia dos Povos.

Nos mais de cem anos em que a Psicologia evoluiu, foi possível desenvolver estudos sobre aspectos importantes como a consciência, os processos que formam os pensamentos, as emoções, distúrbios psicológicos e as percepções, entre outros assuntos.

Os estudiosos contemporâneos dessa ciência a dividem em três grandes formas de abordagem: o behaviorismo, a psicanálise e o humanismo. Entretanto, não se pode afirmar que a Psicologia seja uma ciência unitária, pois existem diversas teorias psicológicas e diferentes temas de estudos que são objeto dessa ciência.

1.2 Áreas de estudo

Ter como objeto de estudo a mente e os comportamentos humanos faz com que a Psicologia tenha muitos temas a estudar. De maneira generalizada, pode-se dizer que essa ciência se interessa por três aspectos da vida da pessoa humana: vida intelectual, vida afetiva e vida ativa.

- ▶ **Vida intelectual:** tudo aquilo que diz respeito à percepção, memória, associação de ideias, imaginação, sensações etc.
- ▶ **Vida afetiva:** corresponde às emoções, aos sentimentos, ao prazer, à dor etc.
- ▶ **Vida ativa:** diz respeito aos hábitos, às vontades, aos instintos, ao inconsciente.

Por meio dessas manifestações psicológicas, é possível estudar, ainda, a linguagem, a inteligência, o raciocínio, a personalidade e o pensamento.

A Psicologia entende que cada indivíduo se desenvolve física e mentalmente, de maneira diferente, influenciado por fatores como genética, educação dos pais, grupos sociais, cultura e costumes locais, educação formal e experiências ao longo da vida.

Para dar conta de tantos e diferentes assuntos, a Psicologia foi se subdividindo ao longo do tempo e hoje há diferentes especializações e abordagens, entre elas: Psicologia Clínica, Psicologia Escolar, Psicologia do Esporte, Psicologia Familiar, Psicologia do Trânsito, Psicologia Organizacional, Psicologia do Consumidor, Psicologia Judiciária, Psicologia Hospitalar etc.

Com o avanço das ciências neurológicas, a Psicologia possui mais ferramentas para entender como os processos psicológicos são influenciados e interferem nos processos cerebrais.

Conforme a sociedade vai se transformando, surgem novos temas e demandas, que passam a ser objeto de estudo da Psicologia, que procura entender os comportamentos e auxiliar os indivíduos que precisam de apoio.

1.3 Psicologia e sociedade

A vida em sociedade oferece diferentes desafios para a Psicologia, seja na tentativa de compreensão dos fenômenos que surgem por meio da interação entre as pessoas, seja na necessidade de auxiliar e tratar as pessoas que sofrem em virtude dos problemas oriundos desses contatos.

A Psicologia Social é um ramo dessa ciência, que se dedica a estudar as maneiras como as pessoas interagem e as consequências dessas interações. Para tanto, esse campo faz conexões com outras ciências, que têm por objeto de estudo a sociedade, como a Sociologia, História, Ciência Política, Geografia e Antropologia.

O estudo destes fenômenos sociais permite que a Psicologia desenvolva pesquisas sobre assuntos como violência, consumo, preconceito, fanatismo, grupos sociais, cultura, lazer, entre outros temas.

A Psicologia Social produz conhecimentos que são utilizados nos mais diversos ramos de atividade, como política, urbanismo, marketing, questões judiciais, saúde, educação, cultura e lazer. Ao procurar compreender as manifestações comportamentais coletivas e suas influências sobre os indivíduos, a área busca compreender diferentes formatos de associações, como os grupos sociais, os movimentos de massa, as revoltas e as mídias sociais.

Outros assuntos importantes que são tema de estudo da Psicologia Social são os conflitos, os estereótipos, os jogos de poder, as ideologias, os papéis sociais, os valores morais e os costumes, as classes sociais e o estresse.

INTRODUÇÃO SOBRE PSICOLOGIA

É importante ressaltar, ainda, as contribuições que a Psicologia Social traz para temas como cidadania, direitos humanos, gestão pública, trânsito, trabalho, comunicação, família e distúrbios sociais.

1.4 Psicologia Organizacional

Inicialmente denominada Psicologia Industrial, a Psicologia Organizacional surgiu com o intuito de estudar como se formam e se desenvolvem os processos psicológicos que ocorrem no ambiente de trabalho.

Seus objetivos são:

- compreender a relação do trabalhador com o trabalho e seus colegas;
- promover o bem-estar dos trabalhadores;
- motivar o desempenho no trabalho;
- apoiar as lideranças para a orientação eficiente e humana dos trabalhadores;
- gerenciar o clima organizacional.

No início, a Psicologia contribuiu com as organizações por meio de estudos sobre motivação, comunicação e comportamento. Compreender como os colaboradores percebiam o trabalho e a inter-relação com a equipe permitiu verificar a influência sobre a produção. Outro fator importante foi a observação sobre o funcionamento de processos psicológicos, como memória, percepção e aprendizagem. A partir dessas contribuições, os líderes conseguiram coordenar as equipes não apenas com base em técnicas de produção, mas também considerando os aspectos psicológicos.

Estruturada em ramos distintos e complementares, organiza-se, principalmente, nas áreas de recrutamento, seleção, treinamento e desenvolvimento. A Psicologia Organizacional pode ser utilizada em diversos tipos de instituições, como empresas, ONGs, governos ou associações.

De maneira geral, o papel da Psicologia Organizacional é desenvolver estratégias que interfiram positivamente no ambiente e nas relações interpessoais e dos grupos.

Entre os assuntos por ela estudados e que são foco de intervenção, destacam-se a organização e o funcionamento dos grupos, os processos de liderança e motivação, os diferentes formatos de comunicação, a qualidade de vida no ambiente organizacional, os processos de recursos humanos, as relações de poder, a mediação de conflitos, as metas e os objetivos etc.

O trabalho dos psicólogos organizacionais pode contribuir muito para o sucesso de uma instituição, pois se estende desde a contratação de pessoas adequadas às tarefas, até o apoio no desenvolvimento das estratégias. Assim, a Psicologia Organizacional consegue oferecer instrumentos para que a organização se desenvolva e atinja os seus propósitos.

Outros temas desenvolvidos pela Psicologia Organizacional são as interações entre os indivíduos, os fatores motivacionais, os estímulos estressores, o clima organizacional, o treinamento e o desenvolvimento, os processos decisórios, as disputas por poder, os aspectos que influenciam no comprometimento, o desenvolvimento das crenças corporativas e as relações de amizade.

1.5 Perspectivas psicológicas

Conforme a Psicologia se desenvolveu, ela abarcou mais assuntos como foco de seus estudos e, ao mesmo tempo, começaram a surgir novas subdivisões dessa ciência e abordagens para compreender e tratar dos assuntos que envolvem os processos psicológicos e comportamentos humanos.

São diferentes abordagens e metodologias que se contradizem ou concordam, mas que têm como objetivo o entendimento da psicologia humana e a busca do bem-estar do indivíduo consigo e em suas relações com os outros.

A Psicologia encontra-se em muitas atividades e situações, que vão desde o atendimento psicológico, até escolas, empresas, presídios, grupos comunitários e de autoajuda, entre outras organizações. Assim, ela sempre pode contribuir para o desenvolvimento desses grupos independentemente da linha psicológica adotada.

1.5.1 Psicologia behaviorista

O termo behaviorismo é originário da expressão inglesa *behavior*, que significa conduta ou comportamento. A Psicologia Behaviorista tem como foco o estudo dos comportamentos.

Segundo a teoria behaviorista, os comportamentos são respostas do organismo a estímulos que podem produzir comportamentos positivos ou negativos.

Os primeiros estudos behavioristas foram apresentados em 1913, quando os fisiólogos russos Vladimir Mikhailovich Bechterev (1857-1927) e Ivan Petrovich Pavlov (1849-1936) propuseram teorias que explicavam os comportamentos a partir de técnicas de observação. Bechterev foi o primeiro a propor que a Psicologia deveria focar mais no estudo do comportamento do que no da mente. Já Pavlov desenvolveu a explicação dos comportamentos a partir da relação entre estímulos e respostas.

Para os psicólogos behavioristas, qualquer tipo de comportamento seria passível de observação e controle, desde que se estudasse corretamente os estímulos que estariam provocando as respostas formadoras de tal comportamento.

O psicólogo estadunidense John B. Watson (1878-1958) foi o primeiro a propor o termo behaviorismo, em meados de 1913, e levou adiante os estudos que apresentavam a Psicologia como um ramo das ciências naturais que, segundo ele, deveria abandonar a busca pelo entendimento da mente e enfatizar os comportamentos apresentados.

O filósofo e psicólogo estadunidense Burrhus Frederic Skinner (1904-1990) foi outro estudioso que contribuiu muito para o avanço da Psicologia Behaviorista. Skinner formulou a teoria do Comportamento Operante, segundo a qual os comportamentos seriam resultados da relação entre estímulos e reforços (positivos ou negativos). Segundo essa abordagem, um comportamento pode ser incentivado, mantido ou desestimulado dependendo do reforço utilizado. Por exemplo, um elogio ou uma crítica pode influenciar um comportamento.

1.5.2 Psicologia Cognitiva

O principal campo de estudo da Psicologia Cognitiva são os processos mentais (cognitivos), que, segundo essa abordagem, seriam os responsáveis pelos comportamentos. Os psicólogos cognitivos estudam questões como percepção, raciocínio, memória, atenção, criatividade, linguagem, pensamento, entre outras.

Os processos de cognição podem ser entendidos como as capacidades que temos de absorver, reter, elaborar, transformar e aplicar novos conhecimentos. Portanto, pode-se afirmar que os grandes temas estudados pela Psicologia Cognitiva são os processos de como se percebe o mundo, como se aprende, como ocorrem as recordações e como se formam os pensamentos. Esses processos cognitivos influenciam de forma determinante a maneira como as pessoas se comunicam, raciocinam e utilizam recursos para ter ideias e resolver problemas.

Para os psicólogos cognitivos, os comportamentos são determinados por esses processos de elaboração das informações percebidas. Entender como o indivíduo percebe e interage com o meio no qual está inserido também é importante para decifrar como acontecem seus processos cognitivos e as respostas que ele oferece.

O processamento de informações ocupa grande parte da atenção dos estudos sobre os processos cognitivos. Recentemente, estudos sobre inteligência artificial têm contribuído para os avanços da Psicologia Cognitiva. Ao comparar os processos mentais com o processamento de informações feito por computadores, a Psicologia Cognitiva avançou no entendimento sobre como o cérebro assimila, representa, compara, relaciona e processa informações.

1.5.3 Psicologia Humanística

A teoria da Psicologia Humanista, ou Humanística, surgiu nos anos 1950 como resposta a algumas linhas de estudo que davam mais destaque ao estudo do inconsciente ou do comportamento.

Para os psicólogos humanistas, o ser humano deveria ser visto como um ser consciente, espontâneo, dotado de livre arbítrio e detentor de inúmeras potencialidades. Portanto, o indivíduo não seria apenas resultado das condições impostas pelo ambiente (visão behaviorista) e muito menos teria sua psicologia determinada somente pelo seu passado e seu inconsciente (psicanálise).

A partir da visão humanística, o homem poderia ser entendido com detentor de uma força autorrealizadora que leva o indivíduo ao desenvolvimento de suas capacidades e à formação de uma personalidade criativa, espontânea e saudável. Ou seja, para a Psicologia Humanista, o ser humano é um ser em permanente construção, mas dotado da possibilidade de escolha.

Entretanto, esse potencial nem sempre encontra oportunidades para se desenvolver na medida em que fatores externos podem impedir o seu avanço. Cabe à Psicologia Humanista auxiliar os indivíduos a superar essas barreiras, internas ou externas, e desenvolver-se.

A Psicologia Humanística sofreu grande influência de pensadores existencialistas, que também acreditavam na responsabilidade do ser humano por suas escolhas e pelo resultado delas. Os existencialistas colocavam o destino do homem sob responsabilidade do próprio ser e sua consciência.

Os estadunidenses Abraham Maslow (1908-1970) e Carl Rogers (1902-1987) foram dois dos psicólogos mais famosos desse movimento. Em seus estudos, avançaram no entendimento de que o ser humano possui potencialidades que podem ser desenvolvidas desde que ele se conscientize de sua psicologia e atue positivamente.

1.5.4 Psicanálise

Segundo o médico neurologista e psiquiatra austríaco Sigmund Freud (1856-1939), a psicanálise é um procedimento de investigação dos processos mentais, que tem por finalidade coletar informações guardadas no inconsciente do indivíduo, para que se possa tratar neuroses e outros problemas psicológicos.

Freud desenvolveu estudos sobre sintomas neuróticos e histéricos. Com o avanço de suas pesquisas, formulou um novo sistema teórico, que propunha uma metodologia nova que consistia em investigar e compreender o psiquismo e realizar o tratamento por meio da técnica de associação livre das ideias.

//// **AMPLIE SEUS CONHECIMENTOS**

Uma das maiores contribuições de Freud para a Psicologia foi a terapia da conversa, a noção de que simplesmente falar sobre nossos problemas pode ajudar a aliviá-los.

Saiba mais sobre teorias freudianas em: <http://psicoativo.com/2016/07/teorias-de-freud-resumo-teorias-freudianas.html>. Acesso em: 6 fev. 2020.

Entende-se por neurose uma gama enorme de transtornos mentais que causam tensão e desconforto ao indivíduo, mas que não atrapalham sua consciência sobre a realidade e, tampouco, impedem suas capacidades e ações. Já a histeria é vista como uma forma de neurose complexa, na qual o indivíduo pode perder o controle de seus movimentos ou fala, ou ter atitudes anormais em função de um pavor extremo despertado por motivos inconscientes.

Freud observou que existiam componentes da *psiqué* sobre os quais o indivíduo não tinha consciência, mas que influenciavam seus pensamentos e ações. O que o psicanalista chamou de inconsciente é composto por memórias, sonhos, experiências, traumas, entre outros elementos que poderiam ser acessados pela técnica da associação livre de ideias.

A psicanálise trata os pacientes buscando acessar o inconsciente por meio da fala. Os pacientes são incentivados a falar livremente sobre o que os motiva, atemoriza e excita sem se aterem à ordem das ideias.

Freud e seus colaboradores também desenvolveram a ideia do triângulo: inconsciente (id), consciente (ego) e autocensura (superego).

//// **VAMOS RECAPITULAR?**

Neste capítulo, conhecemos algumas correntes da Psicologia (Behaviorista, Cognitiva, Humanística e Psicanalítica).

AGORA É COM VOCÊ!

1. A Psicologia originou-se da filosofia, e o termo significa:

   a. o estudo da personalidade dos indivíduos.

   b. a interpretação dos sentidos e sensações.

   c. a análise da capacidade de percepção.

   d. o estudo da alma.

   e. a capacidade de contatar os sentimentos.

2. De que maneira a Psicologia Behaviorista define o que são os comportamentos?

   a. Os comportamentos são manifestações independentes da vontade.

   b. Os comportamentos estão relacionados à necessidade de autopreservação.

   c. Os comportamentos são respostas do organismo a estímulos que podem produzir comportamentos positivos ou negativos.

   d. Os comportamentos correspondem a instintos inconscientes.

   e. Os comportamentos são respostas que o indivíduo dispara quando está relaxado.

3. A Psicologia Cognitiva estuda:

   a. processos conscientes.

   b. processos inconscientes.

   c. processos mentais.

   d. processos transformadores.

   e. processos de pensamentos.

2

COMPORTAMENTO HUMANO

PARA COMEÇAR

Neste capítulo, veremos a importância do comportamento para o indivíduo, as influências da sociedade, do ambiente em que vive, da família, entre outros elementos. Também serão abordados os estudos aprofundados da Psicologia Comportamental, que são de suma importância para desvendar o que gera tais influências.

O que cada um é e aquilo que percebe sobre si mesmo é resultado da soma de vários fatores, como herança genética, características comportamentais e experiências vividas nas relações sociais e familiares. Tais elementos compõem aquilo que se chama de personalidade.

Os comportamentos, além de moldar a imagem e a personalidade, também são decisivos para os resultados dos esforços ao longo da vida. Rendimento escolar e sucesso na carreira e nas relações amorosas são algumas das atividades humanas que sofrem interferências diretas dos tipos de comportamentos apresentados frente a outras pessoas.

Diariamente, jornais estampam relatos de pessoas que obtiveram sucesso ou que caíram em desgraça em função de atitudes que tiveram em seus relacionamentos. Assim como na vida particular e cotidiana, na carreira profissional também se pode ter mais ou menos sucesso em virtude dos comportamentos adotados. Ser qualificado tecnicamente e ter boa experiência não são o bastante para prosperar na carreira. Carisma, empatia e bom relacionamento interpessoal são apenas alguns comportamentos importantes para se dar bem com os colegas e crescer profissionalmente.

2.1 Definição de comportamento

De maneira simplificada, pode-se entender comportamento como a maneira de agir ou portar-se. Muitos estudiosos preferem se referir ao comportamento como um conjunto de atitudes e reações que o indivíduo apresenta em resposta a estímulos que recebe do ambiente e que ocorre em determinadas circunstâncias.

Enquanto para correntes como a Psicologia Behaviorista o comportamento seria a resposta do indivíduo a estímulos externos, os psicólogos cognitivos entendem o comportamento como a exteriorização do que acontece internamente na pessoa.

No entendimento das motivações para a ocorrência dos comportamentos e suas implicações, a Psicologia recebeu a contribuição de várias outras ciências, entre elas a Etologia, que estuda o comportamento enquanto mecanismo de adaptação dos seres vivos ao ambiente.

Essas interconexões possibilitaram que a Psicologia investigasse melhor como os estímulos externos e internos influenciam a ocorrência dos comportamentos. Questões como fome, sede, sono, emoções e necessidades básicas passam a ter enfoque maior nas investigações das ciências psicológicas.

Outras questões comportamentais cujos estudos foram aprofundados pela Psicologia dizem respeito à maneira como essas reações a atitudes ocorrem. Comportamentos que acontecem em sequência, aleatórios, combinados, repetitivos, entre outros, passam a ser observados no intuito de descrevê-los, prever suas ocorrências e possibilitar a criação de classificações de padrões comportamentais que auxiliem no diagnóstico e no tratamento.

Independentemente da linha psicológica que se utiliza para entender o ser humano, sempre se busca identificar em seus comportamentos indícios que levem a compreender a sua vida psicológica.

2.2 Características dos comportamentos

Ao estudar os comportamentos, a Psicologia ocupa-se, principalmente, de quatro características importantes:

a. **Atenção a comportamentos observáveis:** é necessário que o comportamento possa ser identificado, observado, definido e analisado para que se determine a forma como ele ocorre, com que frequência e em qual intensidade.

b. **Enxergar o comportamento como parte de uma amostragem:** o comportamento apresentado deve ser visto como uma representação do funcionamento da psicologia do indivíduo.

c. **As relações do comportamento com os estímulos externos:** deve-se observar como o ambiente e os relacionamentos influenciam e são influenciados pelo comportamento que está sendo estudado.

d. **Motivação e comprometimento do paciente com o processo terapêutico:** se a pessoa não está interessada e comprometida, dificilmente terá sucesso no objetivo de alterar os comportamentos que estejam causando problemas.

Ao somar todas essas observações, o psicólogo comportamental encontra informações necessárias para desvendar as motivações que geram um comportamento e suas consequências. A partir daí, é possível elaborar estratégias para atuar nos comportamentos que possam trazer prejuízos à vida da pessoa ou causar-lhe sofrimento psicológico.

É importante lembrar que se deve evitar classificar as diversas formas de manifestação de comportamentos apenas com base na observação. Apesar de existirem algumas semelhanças entre muitos comportamentos, eles podem variar de pessoa para pessoa, de uma cultura para outra e até de uma época para outra.

2.3 Cultura e comportamento

Entende-se por cultura o somatório de conhecimentos, experiências, hábitos, costumes, aptidões, crenças e manifestações artísticas que moldam como um povo constrói a sua visão sobre o mundo e a vida.

Cada povo possui sua própria cultura que, em contato com outras culturas, renova-se e transforma-se, mantendo alguns elementos, substituindo outros e adquirindo novas características.

Algumas características que definem e diferem um povo são provenientes de suas manifestações culturais. Dessa maneira, um povo pode ser considerado hospitaleiro, saudosista, determinado, trabalhador e assim por diante.

A cultura só existe a partir da interação das pessoas, portanto, ela também reflete os comportamentos daqueles que a formam. Ao mesmo tempo em que a cultura existe e renova-se por meio dos comportamentos individuais e coletivos, ela também influencia e os molda.

A personalidade e os comportamentos de um indivíduo também sofrem influência da cultura na qual ele está inserido e também das normas, crenças e costumes dos subgrupos dos quais ele participa.

EXEMPLO

Uma pessoa sofre as influências da cultura do país em que vive e também é influenciada pela cultura dos grupos sociais dos quais é parte integrante, como a igreja, a escola, o trabalho, entre outros.

Para compreender melhor o comportamento humano, a Psicologia precisa estudar as características da cultura em que o indivíduo está inserido e de que maneira ele se relaciona com as manifestações dela.

A cultura pode influenciar positivamente o comportamento do indivíduo ou também representar pressão social.

2.4 Psicoterapias comportamentais

A Psicologia oferece diversas estratégias para auxiliar aqueles que se interessam por se conhecer melhor e também oferecer apoio aos que sofrem com seus comportamentos ou relações.

O primeiro passo para que esse auxílio seja possível se dá por meio da conscientização do indivíduo. Mesmo que ele perceba que a Psicologia pode ajudá-lo, isso só terá efeitos concretos se ele estiver consciente da necessidade de passar por um processo terapêutico.

O passo seguinte consiste na avaliação terapêutica, realizada por um psicólogo, sobre os comportamentos que possam estar afetando a saúde física, psicológica, os relacionamentos ou os compromissos cotidianos do paciente.

Em seguida ao diagnóstico psicológico, o terapeuta manifesta suas impressões gerais ao paciente, para que ambos definam os objetivos da terapia. Na sequência, o psicólogo escolhe as estratégias que serão utilizadas durante o tratamento.

Tais estratégias diferem de um psicólogo para outro, dependendo do problema que será abordado e, principalmente, de acordo com o tipo de terapia que será adotada. A seguir estão relacionados alguns formatos de psicoterapia mais comuns para questões comportamentais:

a. **Psicoterapia comportamental:** ênfase na relação do indivíduo com o ambiente e as consequências para o comportamento.

b. **Psicoterapia cognitiva:** ênfase na busca pela mudança de padrões de pensamentos que influenciam o comportamento.

c. **Psicoterapia breve:** define-se claramente alguns poucos objetivos de mudanças e o prazo que a terapia durará.

É importante lembrar que o tratamento terapêutico tanto pode acontecer de forma individualizada, como também em grupos, como no caso de grupos de autoajuda, terapia de casais, entre outros.

2.5 Comportamento desajustado

Os estudos psicológicos identificam inúmeros comportamentos que são considerados desajustados frente ao que se espera para o convívio social. Muitos desses comportamentos são decorrentes apenas de posturas antissociais, como rebeldia e delinquência, entre outras que são facilmente explicadas pela idade, cultura, momento social etc.

Entretanto, outros comportamentos são derivados de distúrbios psicológicos e até mesmo de doenças psiquiátricas. Alguns autores classificam o comportamento desajustado como um funcionamento cognitivo ou social deficiente, aliado a um autocontrole insuficiente ou excessivo, que causam problemas no convívio social e sofrimento.

Figura 2.1 - O comportamento desajustado pode variar de leve a grave em sua ação.

Desajuste social é uma conduta que se desvia muito dos padrões de comportamentos esperados e aceitos pela sociedade. A sociedade possui mecanismos de controle comportamental que não podem ser extremamente rígidos ou exageradamente flexíveis. Outro aspecto é o sofrimento psíquico, que gera fortes emoções negativas em quem apresenta esse quadro.

> **FIQUE DE OLHO!**
>
> O diagnóstico para detectar o transtorno de personalidade antissocial é feito por meio de conversa com o psiquiatra, em conjunto com o psicólogo.

2.5.1 Insanidade, neurose e psicose

Insanidade é um termo utilizado para designar uma pessoa que não possui saúde mental, popularmente conhecida como "louca" ou "doida". Alguém insano está alienado da realidade e apresenta comportamento insensato ou anormal para os padrões da sociedade.

Para a Psicologia, a insanidade representa um estado mental no qual a pessoa sofre de um desarranjo (ou confusão) mental e de uma fragilidade em dar conta de administrar os pensamentos e as emoções.

Neurose é o nome que se dá para qualquer transtorno mental que cause alguma tensão emocional e desconforto social, mas que não impeça a pessoa de continuar realizando suas tarefas e conduzindo a vida. Portanto, a pessoa que sofre de neurose tem consciência sobre sua situação, porém não possui força para mudá-la. Muitos autores sequer classificam a neurose como doença mental, mas, sim, como uma resposta exagerada do sistema emocional a alguma experiência de vida.

São exemplos de comportamentos neuróticos: transtornos de ansiedade, transtornos obsessivos-compulsivos, determinados tipos de depressão, neurastenia (enfraquecimento do sistema nervoso) e somatizações (queixas físicas originadas em motivações emocionais).

A expressão **psicose** é originaria do termo grego *psychosis* e significa condição alterada (ou anormal) da mente. Ela se refere às doenças que têm como principal característica a distorção da percepção da realidade.

Pessoas que sofrem de psicose enfrentam muita dificuldade em conviver em sociedade, pois entre os principais sintomas dessa doença estão: descontrole emocional, agitação, agressividade, pensamento confuso, alucinações e, principalmente, obsessão por ideias delirantes e que sejam fora da realidade.

2.5.2 Distúrbios afetivos

Também conhecidos como transtornos de humor, os distúrbios afetivos são caracterizados pela alteração no humor ou no afeto, levando a uma depressão ou a uma euforia exagerada. Os principais tipos são:

a. **Transtorno bipolar:** diferentemente do que o senso comum afirma, a pessoa bipolar não é aquela que apresenta mudanças rápidas de humor em curtos períodos de tempo. Para ser diagnosticada, a pessoa precisa apresentar os seguintes sintomas: longos episódios de mania, seguidos de períodos de depressão. Nos momentos de mania, a pessoa mostra-se exageradamente eufórica, com pouco sono e extremamente ativa. Já nos períodos de depressão, prevalece o desânimo, abatimento e pessimismo.

COMPORTAMENTO HUMANO

b. Mania: é um transtorno que tem como principais características a presença de uma energia excessiva e desproporcional à realidade. A pessoa demonstra uma necessidade exacerbada de comunicar-se sobre tudo e com todos, socializar-se, participar de várias atividades ao mesmo tempo, consumo exagerado, alta energia sexual e ausência de sensação de sono. Esse tipo de transtorno demora para ser considerado prejudicial, pois a sociedade tende a enxergar as pessoas que demonstram "muita energia" como saudáveis, dinâmicas, o que é algo positivo, porém, a mania pode levar a pessoa a assumir compromissos profissionais e financeiros que não conseguirá cumprir, além de provocar problemas nos relacionamentos.

c. Depressão: é um transtorno afetivo, no qual o humor da pessoa se deprime, ou seja, a pessoa passa a vivenciar continuamente um estado de tristeza profunda, melancolia, pessimismo, sentimento de culpa e inutilidade, diminuição do prazer para executar as tarefas cotidianas e perda da capacidade de imaginar o futuro. Na depressão, algumas capacidades cognitivas, como o raciocínio, a motricidade, a atenção, a memória e a concentração também podem ser comprometidas. Considerada um dos maiores problemas mentais no mundo, ela deve ser tratada por especialistas.

2.5.3 Distúrbios de ansiedade

Transtornos de ansiedade se referem a padrões de preocupação excessiva, medo ou apreensão exagerada com determinadas situações ou atividades. É importante lembrar que a ansiedade é natural do organismo e se faz necessária para que as pessoas se mantenham atentas frente a possíveis perigos, alertando ao organismo que ele deve se precaver ou reagir.

Os transtornos de ansiedade acontecem quando o organismo reage de maneira exagerada e desproporcional ao estímulo que o causou. Entre os principais distúrbios estão:

a. Fobias: existem as fobias **simples**, nas quais a pessoa sente um medo irracional em relação a um objeto ou uma situação específica, que causa reações fortes de ansiedade e sintomas físicos, como sudorese e palpitação. Por exemplo, medo de animais, medo de dirigir, medo de altura, medo de escuro etc. Também existem as fobias **sociais**, que consistem em estados emocionais de extrema ansiedade quando a pessoa está em determinados locais públicos, ou quando precisa se expor ou interagir com outras pessoas.

b. Transtorno Obsessivo-Compulsivo (TOC): a pessoa apresenta quadros de obsessão, ou seja, a mente da pessoa é constantemente invadida por pensamentos, imagens e ideias que lhe causam sofrimento. Já o comportamento compulsivo se manifesta pela repetição exagerada de comportamento, como verificar se fechou o gás, lavar as mãos, certificar-se de que trancou as portas, entre outros "rituais" que a pessoa acredita que tem que fazer para evitar que algo de ruim aconteça.

c. Síndrome do pânico: são ataques de intensa ansiedade, nos quais a pessoa entra em pânico e sente taquicardia, perda do foco visual, dificuldade de respirar e, às vezes, dificuldade de se mover.

Existem também outros transtornos de ansiedade e todos podem ser tratados.

28   PSICOLOGIA COMPORTAMENTAL

2.5.4 Distúrbios de personalidade

Transtornos de personalidade representam várias doenças nas quais as emoções e os comportamentos do indivíduo se apresentam de maneira extremamente inflexível ou mal ajustados ao convívio social. Esses quadros resultam grande sofrimento psíquico, tanto para a pessoa quanto para quem convive com ela. Os principais transtornos de personalidade são:

a. **Comportamento antissocial ou sociopatia:** são pessoas que não aceitam as normas sociais ou as leis vigentes. Possuem propensão para mentir, enganar e utilizar de fatos inverídicos para conseguir vantagens. Por vezes, apresentam comportamentos agressivos e não apresentam sinais de remorso.

a. **Comportamento *borderline*:** são pessoas que apresentam uma grande instabilidade em seus afetos, relacionamentos e autoimagem. São impulsivos quanto à comida, sexo e dinheiro. Podem tanto demonstrar euforia, irritabilidade e ansiedade quanto tristeza e melancolia. São suscetíveis a apresentar ideias paranoicas de perseguição e pensamentos suicidas ou de automutilação.

b. **Comportamento passivo-agressivo:** são pessoas que resistem em cumprir regras e rotinas sociais. Frequentemente, mencionam que são mal vistas e incompreendidas e têm facilidade de envolver-se em discussões. Desprezam autoridades, queixam-se de não terem sorte ou oportunidades e invejam quem obtém sucesso.

c. **Comportamento de esquiva:** são pessoas que apresentam uma exagerada inibição frente a situações sociais, além de sentimentos de inadequação e sensibilidade extrema em relação a avaliações negativas. Elas evitam a todo custo contato com outras pessoas, envolvimento afetivo e atividades em que tenham que se expor ou comprometer-se emocionalmente.

2.6 Personalidade e comportamento

Tema de estudo nas faculdades, motivação para textos de livros, filmes e peças teatrais e até mesmo de discussões acaloradas em mesas de bares, a personalidade é assunto no cotidiano.

Ainda existe muita controvérsia sobre o que é personalidade, como ela se forma, o que a influencia e, principalmente, qual é o papel da "persona" para o sucesso profissional e nas relações.

Entender o que é e como funciona a personalidade significa, primeiramente, compreender que ela é a soma de várias características e, depois, que ela é representada por vários traços comportamentais.

2.6.1 Definição de personalidade

Do latim *personare*, personalidade é um conjunto de características psicológicas e comportamentais que determinam a individualidade de uma pessoa, como ela age, pensa e sente.

A formação da personalidade ocorre por meio de um processo complexo e lento no qual os hábitos, o temperamento e o caráter do indivíduo se somam para definir a sua identidade.

Entende-se por **hábitos** os comportamentos que se adquirem por repetição, ou seja, de tanto repetir alguns comportamentos eles se tornam hábitos na vida, e as pessoas passam a executá-los automaticamente, como escovar os dentes, pentear o cabelo, os hábitos alimentares, entre outros.

Os **temperamentos** são características comportamentais genéticas, ou seja, nascem com o indivíduo e determinam como ele se relacionará com outros indivíduos, que visão ele terá do mundo, se será otimista ou pessimista etc.

Caráter é o nome que se dá ao que se é na intimidade. São os valores que determinam como a pessoa sente, suas vontades e necessidades. Pode-se afirmar que, enquanto a personalidade é o que a pessoa mostra para o mundo, o caráter é o que realmente a pessoa é. Então, caráter e personalidade podem caminhar juntos ou também divergirem e até causarem problemas psicológicos.

Conclui-se, portanto, que a personalidade possui tanto raízes genéticas quanto traços comportamentais que são adquiridos no contato com a sociedade. A sociedade costuma identificar as pessoas a partir de alguns traços de personalidade que se destacam em seu comportamento. Mas é bom lembrar que todos podem ter vários traços de personalidade ao mesmo tempo e, também, podem alterar ou aprimorar a personalidade.

2.6.2 Traços de personalidade

Os estudos da Psicologia se interessam por procurar compreender as diversas formas de manifestações da personalidade. Uma das maneiras encontradas para organizá-los e subdividi-los foi identificar traços de personalidade que diferenciassem os indivíduos.

Essas características são importantes, pois ajudam a definir padrões de comportamentos no que se refere às formas de agir, pensar e sentir de cada um, podendo-se relacionar isso ao meio em que vive o indivíduo e às suas relações interpessoais.

Os principais traços de personalidade apontados por diferentes psicólogos podem ser representados pelos conceitos a seguir:

a. **Disposição à experiência:** são pessoas que se mostram curiosas, imaginativas, criativas e sempre dispostas a experimentar novas ideias, situações e experiências.

b. **Conscientização:** são pessoas que apresentam grande autodisciplina, sentido de agir de maneira correta sempre, além de serem determinadas a seguir metas, planos e objetivos. São capazes de se controlarem emocionalmente e sabem administrar sentimentos impulsivos.

c. **Extroversão:** possuem facilidade em se expor socialmente, gostam de interagir, possuem muita energia, carisma e disponibilidade em participar. Conquistam amizades com facilidade.

d. **Introversão:** são pessoas com pouca necessidade de socialização. São calmos, discretos, reservados e solitários.

e. **Neuroticismo:** pessoas que possuem tendência a viver com certa frequência situações emocionais ruins, como raiva, tristeza, irritabilidade, ansiedade e outras emoções que as deixam vulneráveis ao estresse e doenças psicológicas.

2.6.3 Tipos de personalidade

A classificação dos diversos tipos de personalidade foi amplamente divulgada com os estudos do médico e psicólogo suíço Carl Gustav Jung (1875-1961), que propôs em sua teoria que os seres humanos poderiam ser divididos em quatro grupos distintos e opostos, de acordo com a sua personalidade: introvertidos/extrovertidos, intuitivos/sensoriais, sentimentais/racionalistas e julgadores/perceptivos:

a. **Em relação às atitudes:** os **extrovertidos** são movidos pela vontade de realizar, participar, agir. São comunicativos e sociáveis. Os **introvertidos** preferem o mundo das ideias, são tímidos, refletem bastante antes de agir, preferem situações tranquilas e conhecidas e não gostam de muito agito social.

b. **Em relação à dualidade entre intuição × sensação:** os sensoriais baseiam tudo em dados e fatos, e precisam de informações, pois acreditam em coisas palpáveis e concretas. Os **intuitivos** gostam de ideias abstratas e teóricas, e trabalham bem com informações que necessitem de dedução.

c. **Em relação à dualidade entre sentimento × razão:** os **sentimentais** dão muito valor aos sentimentos e baseiam-se neles na hora que têm que tomar decisões. Os **racionalistas** gostam de ideias e argumentos racionais e usam sempre a lógica para decidir.

d. **Em relação à maneira como as pessoas tomam decisões:** os **julgadores** são aqueles que procuram ter controle das situações, de preferência sendo o responsável pelas decisões e pelo comando das situação. Os **perceptivos** preferem procurar adaptar-se ao mundo e, assim, usam a percepção para formular suas ideias.

Posteriormente, surgiram outras teorias que desmembraram esses conceitos de Jung, o que possibilitou a inserção de novos tipos de personalidade, que são usados em testes para os mais diversos fins.

2.6.4 Personalidade e ambiente organizacional

Além de conhecimento e competência técnica, para se obter sucesso no ambiente de trabalho se faz necessário que o profissional possua características que se adequem tanto à tarefa desenvolvida quanto às relações interpessoais que ele manterá com colegas, gestores e clientes.

Muitos profissionais têm suas trajetórias interrompidas nas empresas em que trabalham, são preteridos na hora em que ocorrem promoções ou observam suas carreiras estagnadas, não em função de seu desempenho, mas em virtude de sua personalidade e de seu comportamento.

Diversas pesquisas feitas com recrutadores, especialistas em recursos humanos e líderes empresariais apontam quais características são admiradas nos profissionais atualmente. Entre elas, pode-se citar:

a. competências e experiências adequadas à função;

b. capacidade de se comunicar de maneira assertiva;

c. atitude proativa;

d. facilidade em estabelecer bons relacionamentos interpessoais;

e. capacidade de usar de empatia no trato com colegas e clientes;

f. flexibilidade, resiliência e adaptação às mudanças constantes;

g. controle das próprias emoções.

AMPLIE SEUS CONHECIMENTOS

"[...] As relações de trabalho mais saudáveis são aquelas que apresentam equilíbrio. Mesmo que haja um atrito, a equipe possui uma "liga" forte o suficiente entre si para avaliar o atrito de maneira objetiva, resolvê-lo e retornar a um estado de harmonia. [...]"

Saiba mais sobre relações interpessoais no trabalho em: <http://www.administradores.com.br/artigos/empreendedorismo/qual-a-importancia-das-relacoes-interpessoais-no-ambiente-de-trabalho/96864/>. Acesso em: 6 fev. 2020.

Profissionais que não possuem a maioria dessas características costumam enfrentar problemas para adaptar-se às situações de pressão e estresse, têm dificuldade em lidar com normas, além de costumeiramente entrarem em atritos com colegas, clientes e lideranças.

As organizações procuram antever essas situações ao procurar identificar os traços de personalidades dos candidatos ao emprego e durante a organização de processos de promoção internos. Diferentemente das capacidades técnicas, as características pessoais são difíceis de serem transformadas e dependem da vontade real da pessoa.

2.7 Identidade

A formação da personalidade dependerá de vários fatores, entre eles a carga genética, os hábitos e o caráter. A forma como as pessoas se expressam nos contatos sociais e como são vistas pelos demais influenciará na formação de outra questão importante para a definição de "quem se é" (a identidade).

> **LEMBRE-SE**
>
> Identidade são os traços de um indivíduo ou de uma comunidade.

Entre os vários motivos que fazem com que as pessoas gostem da companhia de outra estão os temperamentos e como são administradas as emoções e os sentimentos.

Outro aspecto importante que define a identidade são os papéis sociais que são ocupados ao longo da vida e em diferentes contextos e situações. Saber como a identidade é construída e percebida traz mais consciência.

2.7.1 Temperamentos

Os temperamentos são as características da personalidade que nascem com o indivíduo, o influenciam e, em alguns casos, determinam como ele se comportará, como exercerá a sua afetividade e em que investirá suas atenções, energia e interesse.

O filósofo grego Hipócrates, considerado o pai da Medicina, foi o primeiro a formular uma teoria que classificava o indivíduo de acordo com sua personalidade. Tal classificação recebeu denominações relacionadas à ideia de que existem quatro elementos (fluidos corporais) no corpo que determinarão a personalidade de cada um. São eles:

a. **Tipo sanguíneo:** são pessoas agitadas, faladoras, expansivas, otimistas, entusiasmadas, simpáticas e compreensíveis, mas que também podem ser volúveis, exageradas, medrosas, impulsivas, barulhentas, egocêntricas e indisciplinadas.

b. **Tipo fleumático:** são pessoas calmas, idealizadoras, pacíficas, conservadoras, diplomáticas, bem-humoradas e que gostam de tranquilidade e de situações conhecidas sem muitas mudanças, porém, podem se mostrar indecisas, temerosas, desmotivadas, desconfiadas e calculistas.

c. **Tipo colérico:** são pessoas que chamam atenção pela ambição, pela capacidade de liderar com facilidade, por serem audaciosas, independentes e práticas e terem muita energia, mas, ao mesmo tempo, apresentam comportamentos explosivos, podendo ser intolerantes, vaidosas e até insensíveis.

d. **Tipo melancólico:** são pessoas idealistas, detalhistas, leais e dedicadas, mas que também se entristecem facilmente. Costumam ser pessimistas, saudosistas, rancorosas e solitárias.

2.7.2 Papéis sociais

À medida em que as pessoas interagem e desempenham diferentes funções na sociedade, formam-se os chamados papéis sociais.

Para compreender esse conceito, deve-se voltar no tempo para conhecer a origem do termo personalidade. Na Grécia Antiga, os atores teatrais utilizavam máscaras (*personas*) para interpretar seus papéis. Cada máscara tinha a finalidade de passar ao público uma emoção ou um grupo de características que definiriam a "alma" de cada personagem.

Figura 2.2 - Atrás de uma máscara há sempre um ser humano buscando adaptar-se ao grupo ao qual pertence.

A ideia de papel social remete a esse conceito, na medida em que é preciso incorporar papéis diferentes ao interagir com outras pessoas em diferentes circunstâncias. Por exemplo, uma mesma pessoa pode desempenhar diferentes papéis em seu cotidiano: na família, no trabalho, na escola, no clube, no sindicato, na igreja, entre outros.

Isso não quer dizer que a pessoa precise mentir ou fingir ser "outro alguém" em cada uma dessas situações. Porém, o comportamento e a personalidade tendem a se alterar dependendo do local, do contexto e das pessoas envolvidas. Dessa maneira, uma pessoa pode apresentar comportamentos semelhantes ou até totalmente diferentes em locais distintos. Isso é decorrente da personalidade da pessoa, mas também do que se espera (e até exigido) dos papéis sociais.

Dependendo do papel social que se está exercendo no momento, a sociedade e as pessoas ao redor terão uma visão sobre cada um e construirão uma expectativa em relação aos comportamentos que devem ser apresentados. Existem atitudes, valores e crenças que a sociedade deseja que seus personagens apresentem. Se alguém é pai/mãe de família, médico ou pedreiro, religioso ou professor, idoso ou jovem, é preciso saber que a sociedade vai esperar e cobrar vários comportamentos.

O papel social é tão forte nas relações sociais que chega a influenciar o status social, ou seja, a posição social que a pessoa poderá ocupar.

2.7.3 Crises de identidade

Ao longo da vida, a pessoa constrói sua identidade na medida em que vivencia experiências e relaciona-se com outras pessoas. Nesse processo contínuo de autoconstrução, ocorrem situações conflitantes, tanto na relação com o mundo exterior e com as pessoas (interpessoal) quanto no relacionamento consigo mesmo (intrapessoal).

Tais conflitos podem acontecer a qualquer momento da vida e resultar em transformações positivas ou negativas da pessoa. Para o psiquiatra alemão Erik Erikson (1902-1994), essas crises ofereciam a oportunidades de autoconhecimento.

Porém, nem todas as crises de identidade resultam em transformações positivas. Dependendo da situação e das consequências, o indivíduo pode ter problemas familiares, conflitos no trabalho e até problemas com a lei.

Os motivos que podem gerar crises de identidade costumam ter motivações variadas: saída da casa dos pais, rompimentos amorosos, troca de emprego, mudança de cidade/país, conflitos da fase de adolescência, processo de envelhecimento, e até situações traumáticas, como um acidente ou um sequestro.

Mudanças na sociedade e pressões sociais também representam fatores determinantes para a ocorrência dessas crises. Quando o indivíduo não se identifica com as expectativas ou as cobranças da sociedade, é normal que ele entre em conflito, podendo acarretar o surgimento de sentimentos como revolta, confusão e tristeza.

As crises de identidade são caracterizadas por criar desconforto no indivíduo em relação aos papéis sociais que representa e também influencia a visão que ele tem de si mesmo.

O tratamento para crises de identidade passa por processo de terapia cognitivo-comportamental, no qual a pessoa entra em contato com suas emoções e aprende a racionalizar as ideias.

2.8 Identidade e cultura

Aprende-se na escola que cultura é o conjunto de crenças, valores e manifestações religiosas e artísticas que caracterizam e diferenciam um povo de outro. Conhecimentos, experiências e conquistas que um povo adquire ao longo de sua história também fazem parte da identidade de seus membros.

Como a cultura dá sentido à existência de um povo e molda a sua visão de mundo, é natural que o comportamento e muito do que a pessoa acredita e defende sejam derivadas de suas influências culturais.

Apesar de possuir raízes fortes e históricas, a cultura não é algo engessado no tempo, pois ela está em constante evolução e transformação. Tais mudanças acontecem justamente por meio das interações de seus membros e, também, das interações desses membros com indivíduos de outras culturas. Ou seja, é a partir da transformação do indivíduo que ocorrem, lentamente, as transformações da cultura em um ciclo contínuo.

É importante notar o ritmo que essas transformações têm tomado nos últimos anos. Com os avanços dos processos de globalização, o contato e a interação com as mais diferentes culturas têm se intensificado e refletido na identidade de seus membros. Os meios de comunicação, em especial a internet, têm levado a todo o mundo ideias, crenças, expectativas e valores, que são compartilhados, modificados e assimilados por pessoas de todas as idades, credos e níveis sociais.

O imaginário coletivo é fortemente influenciado por processos de interações globais, que assimilam novas ideias que, anteriormente, demorariam para se disseminar.

Portanto, a construção da identidade do indivíduo, ao mesmo tempo em que é um processo interno e que sofre forte influência das relações próximas como família, amigos e ambientes sociais, também reflete a cultura na qual ele se insere.

Figura 2.3 - A cultura brasileira é formada por diferentes influências culturais.

/// VAMOS RECAPITULAR?

Neste capítulo, aprendemos as definições, as características, os traços e os tipos dos comportamentos, além dos distúrbios afetivos, de ansiedade e de personalidade. Abordamos, ainda, conceitos como identidade, temperamento e papéis sociais.

AGORA É COM VOCÊ!

1. De que maneira a Psicoterapia Cognitiva procura estudar e intervir nos comportamentos?

   a. Atenção aos momentos que os comportamentos acontecem.

   b. Ênfase na procura por indícios emocionais que expliquem o comportamento.

   c. Atenção no ambiente em que o comportamento ocorre e os motivos.

   d. Ênfase na busca pela mudança de padrões de pensamentos que influenciam os comportamentos.

   e. Preocupação em subdividir o comportamento em pequenas etapas para melhor compreensão.

2. Entre as principais características apresentadas pelas pessoas de temperamento colérico, destacam-se:

   a. Destempero, ambivalência de sentidos, humor variado e inaptidão social.

   b. Inibição social, baixa energia, passividade e comportamento invejoso.

   c. Ambição, facilidade de liderar, audaciosas, independência, práticas e cheias de energia, podendo ser explosivas.

   d. Arrogância, facilidade em manipular, energia descontrolada, ansiedade e compulsão.

   e. Tradição aos costumes, serenidade no trato, traquejo social e facilidade em estabelecer empatia.

3. Que característica ajuda a identificar uma crise de identidade?

   a. Desconforto frente aos relacionamentos interpessoais, ao passo que a pessoa não se identifica com o grupo de que participa.

   b. Desânimo em relação aos resultados que têm sido obtidos nos esforços da pessoa para alcançar seus objetivos.

   c. Desatenção sobre as questões cotidianas, como cuidados com segurança, higiene e relacionamentos.

   d. Desânimo ao enfrentar os problemas do cotidiano e ao continuar as tarefas diárias.

   e. Desconforto do indivíduo em relação aos papéis sociais que representa e também sobre a visão que tem de si mesmo.

3
INTELIGÊNCIA

PARA COMEÇAR

Veremos neste capítulo a importância da inteligência para a sociedade e dos estudos realizados pela ciência em busca de sua definição.

A palavra **inteligência** origina-se do termo em latim *intelligentia* e, ao procurar os significados que deram origem a tal palavra, chega-se a ideia de escolha. Portanto, originalmente, inteligência significa saber fazer escolhas ou saber selecionar alternativas para solucionar problemas.

Existem várias interpretações sobre o que é ser uma pessoa inteligente. Muitos ainda atribuem a inteligência à capacidade de saber emitir ideias totalmente inovadoras e surpreendentes. Porém, uma corrente cada vez maior de pensadores tem dado atenção ao fato de que, talvez, ser inteligente é mais do que conhecer muitas informações: é saber oferecer soluções adequadas para resolver os problemas. Portanto, de volta à origem do conceito, ser inteligente é saber escolher alternativas eficientes.

3.1 Inteligência ao longo da história

Desde os tempos mais remotos, a inteligência tem sido tema de textos, estudos e histórias. Na mitologia, existem registros de quanto a inteligência era uma característica valorizada.

Descobertas arqueológicas têm demonstrado que a inteligência foi fundamental para o progresso das civilizações, o avanço da tecnologia, o desenvolvimento da cultura e da comunicação.

No Oriente, muitos textos também falaram sobre o assunto. No livro *A Arte da Guerra*, escrito por Sun Tzu, encontram-se várias citações sobre a importância da inteligência no campo de batalha.

A Idade Média representou o que muitos chamam de vitória da razão, pois foi uma época de muitos avanços científicos, sociais e tecnológicos. No campo das ideias, esse período viu surgir teorias e novos campos das ciências.

Infelizmente, momentos trágicos, como as duas guerras mundiais, também contribuíram para o avanço científico e tecnológico. A necessidade de criar vantagens sobre os inimigos fez com que os países envolvidos investissem no desenvolvimento de novas máquinas, sistemas de comunicação, remédios, armamentos e outras inovações, depois incorporadas ao cotidiano.

No período entre 1905 e 1920, vários cientistas começaram a propor que a inteligência pudesse ser avaliada por testes. Entre eles, a escala que ficou mais conhecida (e é utilizada até hoje) foi o Quociente de Inteligência (QI), que tem como proposta medir o nível mental dos indivíduos e comparar com a idade cronológica deles. Os testes de QI, apesar de populares e úteis para situações específicas como lógica e aritmética, não conseguem avaliar outros tipos de inteligências que foram percebidos posteriormente por novos estudos.

3.2 Inteligências múltiplas

Vários estudos posteriores aos testes de QI propuseram uma nova abordagem da questão, dessa vez, ampliando a visão sobre o que é ou não inteligência.

Entre essas novas propostas, destacou-se a teoria apresentada pelo psicólogo cognitivo estadunidense Howard Gardner (1943-), que, além de identificar inteligência como sendo a capacidade de resolver problemas, também trouxe a perspectiva de que existem tipos de capacidades que os testes de QI não identificam.

Gardner propôs que existem sete diferentes competências que podem ser consideradas manifestações de inteligência:

a. **Inteligência linguística:** consiste na habilidade de saber lidar de maneira criativa com as palavras.

b. **Inteligência lógico-matemática:** é o tipo de inteligência que os testes de QI identificam e corresponde à capacidade de solucionar problemas com números e outras questões de lógica e matemática.

c. **Inteligência corporal:** também conhecida como cinestesia. É a capacidade de usar o próprio corpo de maneira diferente e hábil.

d. **Inteligência espacial:** diz respeito à noção de espaço e de direção.

e. **Inteligência musical:** capacidade de organizar sons de maneira nova.

f. **Inteligência interpessoal:** trata-se da habilidade de conseguir conviver com o outro de maneira harmoniosa, com compreensão, empatia e carisma.

g. **Inteligência intrapessoal:** são as pessoas que conseguem administrar as próprias emoções, reconhecer os sentimentos e utilizá-los de maneira eficiente.

Para Gardner, todo ser humano nasce com potencial para desenvolver vários tipos de inteligência e somente por meio das relações com outras pessoas, da cultura e das experiências de vida é que algumas dessas formas de inteligência são desenvolvidas e tornam-se parte da personalidade do indivíduo. Assim, elas influenciarão em suas escolhas, seus esforços e seus resultados.

> **FIQUE DE OLHO!**
>
> [...] A ciência considera normal a inteligência de uma pessoa com QI entre 90 e 110. O QI mais alto já registrado até hoje foi de 228, alcançado por uma menina inglesa de 10 anos. [...]
>
> Leia o artigo *Você é inteligente?*, publicado pela *Revista Superinteressante* e disponível em: <http://super.abril.com.br/comportamento/voce-e-inteligente/>. Acesso em: 6 fev. 2020.

3.3 Inteligência e criatividade

Outro indicador muito usado para medir ou perceber a inteligência de alguém diz respeito à criatividade. É costume referir-se a alguém muito criativo como sendo uma pessoa inteligente.

O conceito de **criatividade** refere-se à habilidade de criar novas ideias, objetos e estratégias para realizar coisas habituais de maneira diferente, além de encontrar soluções originais e ter uma vontade genuína de fazer coisas que ajudem a transformar o mundo.

Muitos estudiosos afirmam que é na primeira infância que a criança possui melhores condições de desenvolver o seu potencial criativo. Para que isso aconteça, além da genética, ela também terá que ser bem estimulada e incentivada a explorar o mundo à sua volta de maneira curiosa, o que não inviabiliza a possibilidade de um adulto tornar-se mais criativo.

No entendimento da Psicologia, a criatividade é classificada como um fenômeno que ocorre em duas etapas: a primeira, tem o nome de **divergente** e é o momento em que são geradas muitas ideias diferentes a respeito de determinado assunto; o segundo momento tem o nome de **convergente**, pois é quando a pessoa analisa as ideias criadas com o intuito de selecionar aquela que é mais apropriada para a situação.

A criatividade pode se manifestar em diferentes atividades humanas: na cultura de maneira geral, especialmente nas artes, nos esportes, nos negócios, entre outras. Mesmo em atividades simples e até rotineiras pode-se perceber indícios de criatividade, desde que, por trás delas, exista uma pessoa inovadora e com olhar curioso.

No ambiente organizacional, a criatividade é uma capacidade muito desejada e admirada. Além de buscar contratar pessoas com essa potencialidade, as empresas também têm o costume de oferecer cursos, oficinas e palestras com o objetivo de despertar e aprimorar a criatividade entre seus colaboradores.

3.4 Desenvolvendo a criatividade

Existem inúmeras metodologias e técnicas que se propõem a melhorar as capacidades cognitivas e desenvolver o potencial criativo do indivíduo. Entre tais propostas, destaca-se uma teoria que tem sido muito estudada e utilizada nas últimas décadas: os Chapéus da Criatividade.

Criada pelo psicólogo maltês Edward de Bono (1933-), a teoria dos Chapéus apresenta seis diferentes formas de pensamento que as pessoas utilizam, ou podem aprender a utilizar, para resolver problemas e encontrar soluções originais:

a. **Chapéu branco:** refere-se aos dados. É o momento em que se buscam informações que ajudarão a compreender o problema. Para isso, deve-se certificar quais tipos de informações são necessários e como se fará para obtê-las.

b. **Chapéu vermelho:** refere-se aos sentimentos. É preciso considerar as emoções e os sentimentos que a situação desperta. Perceber o que a intuição aponta. Esse tipo de chapéu pode ser utilizado antes ou após uma decisão.

c. **Chapéu preto:** refere-se às precauções. É o momento de verificar quais são as dificuldades e os problemas que podem ser encontrados, que cuidados devem ser tomados e que riscos estão envolvidos. É o momento de utilizar a lógica e o julgamento crítico.

d. **Chapéu amarelo:** refere-se aos benefícios. Trata-se da avaliação que se deve fazer a respeito dos pontos positivos e do que é atrativo nas ideias analisadas. É o momento de se utilizar o pensamento positivo e sonhador.

e. **Chapéu verde:** refere-se às alternativas. É o momento de usar a criatividade para imaginar possibilidades e modos diferentes de pensar.

f. **Chapéu azul:** refere-se à condução. Usa-se esse chapéu para consolidar os entendimentos, sintetizar as ideias, chegar a conclusões e encaminhar decisões e acordos, ou até mesmo decidir qual chapéu será utilizado no momento.

3.5 Inteligência emocional

Até poucas décadas atrás, a única maneira de se medir a inteligência de alguém era por meio dos testes de QI. Porém, várias pesquisas, como as de Gardner (1983) e Goleman (1996), demonstraram que outros formatos de inteligência existem e são importantes para a sobrevivência, o desenvolvimento e o relacionamento humano.

Ao reunir centenas de pesquisas que comprovavam a teoria da Inteligência Emocional, o psicólogo e jornalista científico Daniel Goleman (1943-) jogou luz sobre um aspecto importante da personalidade e a forma como se interage com o mundo: a influência das emoções sobre os comportamentos.

Figura 3.1 - Emojis: as carinhas são uma espécie de expressão das emoções. Muito utilizados nas redes sociais, são originárias do Japão.

A seguir, será visto de que maneira as emoções influenciam a vida, que fatores compõem a inteligência emocional e de que maneira se pode perceber, aperfeiçoar e administrar as emoções.

3.5.1 Definição e importância da inteligência emocional

O termo **inteligência emocional** refere-se à capacidade de saber reconhecer e administrar as próprias emoções. Apesar de inúmeros estudos terem sido desenvolvidos no último século demonstrando o papel das emoções tanto no sucesso profissional quanto no pessoal, foi somente com a criação do termo e a publicação do livro *Inteligência Emocional* (GOLEMAN, 1996) que esse tipo de inteligência começou a receber mais atenção até tornar-se popular.

Goleman (1996) apresentou as teorias que demonstravam como as emoções eram percebidas pelo sistema nervoso e quais são os impactos delas na vida cotidiana. Para Goleman, uma pessoa com boa habilidade em administrar as próprias emoções possui características como: saber motivar a si mesmo; resiliência para lidar com frustrações; manter a confiança e a persistência; controle dos impulsos, sabendo direcionar essa energia para situações apropriadas; saber motivar e auxiliar as pessoas; e conseguir despertar o engajamento das pessoas.

Por essa descrição, pode-se perceber que a inteligência emocional está relacionada a um elevado conhecimento intrapessoal e à habilidade nos relacionamentos interpessoais. Pessoas com inteligência emocional elevada costumam obter melhores resultados em suas relações pessoais e profissionais.

Entre as principais características dessas pessoas estão:

a. perceber o que está sentindo e porque está sentindo;

b. facilidade em relacionar-se e interpretar emoções nos outros;

c. capacidade de lidar com pressão e superar situações frustrantes;

d. conseguir se automotivar e, ao mesmo tempo, inspirar os outros;

e. saber ouvir, comunicar-se de forma assertiva e usar de empatia;

f. conseguir reconhecer as fraquezas e potencialidades.

3.5.2 Pilares da inteligência emocional

Daniel Goleman (1996) apresentou os pilares dessa importante competência que auxilia no gerenciamento das emoções:

a. **Autoconsciência:** consiste em saber reconhecer as emoções que se está sentindo em determinado momento e usar essa percepção para orientar as decisões. Essa habilidade é importante também para perceber as causas que originam (disparam) as emoções.

b. **Autogestão:** também chamada de autorregulação. Trata-se da capacidade de administrar as emoções de maneira eficiente nas relações com outras pessoas e no desenvolvimento das atividades. Essa habilidade ajuda a pessoa a refletir melhor antes de decidir por uma ação.

c. **Consciência social:** é a capacidade de sensibilizar outras pessoas e, ao mesmo tempo, saber usar a empatia para conseguir enxergar as perspectivas da outra pessoa.

INTELIGÊNCIA

d. Gestão do relacionamento: corresponde à capacidade de saber lidar com as emoções que existem nas relações, sejam as próprias ou da outra pessoa. Essa habilidade é fundamental para construir bons relacionamentos, saber se comunicar, negociar e liderar. Outra característica comum é a capacidade de administrar, mediar e até evitar conflitos.

e. Automotivação: consiste na capacidade de conseguir canalizar as emoções para alcançar objetivos. Pessoas com essa habilidade conseguem motivar-se sem depender de estímulos externos.

A inteligência emocional é um recurso que pode ser aprimorado e desenvolvido. Para isso, basta que a pessoa esteja verdadeiramente interessada em se conhecer, promover mudanças na maneira como lidar com as próprias emoções e, principalmente, tenha disposição para praticar.

3.6 A influência das emoções nos comportamentos

Durante a evolução humana foram desenvolvidos inúmeros comportamentos necessários e importantes para a sobrevivência da espécie e para as relações interpessoais. Esses comportamentos foram moldados, principalmente, por meio da interação com o meio em que se vive. Aprendeu-se a responder às alterações ou alertas do ambiente. Frio, calor, fome, luminosidade ou sinais de perigo são prontamente respondidos por meio de comportamentos, muitas vezes instintivos e outras vezes calculados.

Nos relacionamentos, também são respondidos estímulos gerados por outros indivíduos. Um olhar diferente, um determinado tom de voz ou um gesto inesperado são apenas alguns exemplos de comportamentos que podem criar respostas instantâneas.

As diferentes respostas emocionais que se apresentam diariamente, como alegria, medo, raiva, excitação ou ansiedade, também servem de impulso para os comportamentos que serão emitidos e ajudarão a moldar as experiências com o mundo e as pessoas ao redor. Portanto, pode-se afirmar que as emoções não são acontecimentos espontâneos ou casuais. Assim como os comportamentos também não surgem do nada, é da interação entre as emoções e os comportamentos, em um ciclo de ações e reações, que há o que se pode chamar de reações emocionais e respostas comportamentais.

A Psicologia, entre outras ciências, procura compreender essas relações, pois elas são responsáveis pela consequência de muitos dos esforços, seja nas relações familiares e amorosas, seja na escola, no trabalho ou na igreja. A maneira como as emoções influenciam os comportamentos tanto pode representar um diferencial quando são percebidas e administradas, como pode significar fracasso e decepção quando as emoções são ignoradas ou tratadas com desleixo.

3.7 Desenvolvendo a inteligência emocional

Como visto ao longo deste capítulo, a inteligência emocional representa um papel importante para o sucesso profissional e pessoal. Todos podem desenvolver os conceitos dela e, para que isso seja possível, existem algumas recomendações feitas pelos principais especialistas no assunto:

a. manter expectativas reais sobre os avanços que se pode fazer em relação à inteligência emocional. Isso quer dizer que se deve aceitar que algumas habilidades serão desenvolvidas rapidamente e que outras demandarão mais paciência para melhorar;

b. fazer autoavaliações sérias e constantes sobre a habilidade com as emoções, preferencialmente de maneira escrita. Se possível, consultar pessoas que conheçam bem e façam essas avaliações com certa periodicidade;

c. listar aspectos que a pessoa gostaria/precisa melhorar. Pensar sobre momentos em que essas habilidades deixam a desejar, como isso ocorre, quem está envolvido e como poderia ser diferente;

d. ser o mais criterioso possível no detalhamento dos comportamentos que precisam ser alterados. A chave para encontrar soluções está em observar os vários ângulos;

e. procurar a orientação de alguém para que seja o conselheiro emocional. Esse indivíduo deve conhecer bem a pessoa, além de possuir maturidade e experiência em aconselhamento;

f. praticar, praticar e praticar. Utilizar da auto-observação, da empatia e da comunicação assertiva para aperfeiçoar a percepção e administrar as emoções.

3.8 Percepção e atitude

Os sentidos são responsáveis por informações que serão utilizadas na interpretação do mundo ao redor e das experiências que se vivencia.

Há órgãos específicos que foram aperfeiçoados ao longo da evolução humana para que se pudesse receber, assimilar, interpretar e julgar as informações que se obtêm a todo instante. Porém, dependendo das circunstâncias, as percepções podem facilmente enganar, seja em virtude de doenças, uso de substâncias químicas ou distorções no processo de percepção.

3.8.1 O que é percepção?

Derivada do termo latino *perceptivo*, a expressão percepção diz respeito ao ato de receber, por meio dos sentidos, informações como sons, imagens, texturas, odores, sabores que auxiliarão na formação de impressões e sensações.

Para a Psicologia, a percepção acontece por meio de duas etapas: a sensorial e a intelectual, sendo que as duas são complementares na medida em que, após serem obtidas pelos sentidos, as informações devem ser avaliadas pelas capacidades intelectuais.

A percepção sensorial acontece da seguinte forma:

a. **Visual:** absorve informações pelos olhos.
b. **Auditiva:** identifica sinais sonoros.
c. **Tátil:** obtém informações pelo uso da pele e do toque.
d. **Olfativa:** identifica sinais pelo olfato.
e. **Gustativa:** usa o paladar para perceber.

INTELIGÊNCIA

Alguns estudiosos identificam outras formas de percepção que seriam importantes para a interpretação do mundo, entre elas:

a. **Percepção social:** corresponde à capacidade de identificar e interpretar comportamentos de outros indivíduos.

b. **Percepção musical:** seria a capacidade de o indivíduo reconhecer e saber diferenciar sons, melodias, ritmos e outros elementos musicais, como acordes e tonalidades.

3.8.2 Fatores que influenciam a atenção e a percepção

O processo de percepção humana sofre influência de diferentes fatores que interferem na captação das informações e na atenção que se dá aos estímulos. Entre esses fatores estão: a atenção, os julgamentos e os fatores internos e externos.

A atenção pode ser impactada, induzida ou "roubada" por estímulos que ocorrem durante o momento de percepção. Porém, não se consegue dar a mesma atenção para todos os estímulos que acontecem ao mesmo tempo.

Os julgamentos, ou formações de juízo, ocorrem quando, por meio da observação, procura-se construir explicações sobre os motivos que levam a pessoa a agir de determinada maneira.

Os fatores externos correspondem a aspectos como a intensidade em que o estímulo ocorre e se apresenta; o contraste de cores e símbolos; os movimentos que o estímulo produz ou que ele mesmo mantenha; a incongruência que faz com que a atenção seja direcionada para situações estranhas, diferentes e absurdas.

Já os fatores internos são: a motivação, que faz com que aquilo que dá prazer, interessa e move receba mais atenção do que assuntos desinteressantes ou desmotivadores; experiências anteriores que provocam o interesse e a atenção por se tratarem de situações familiares; estados físicos e emocionais, como sono, fome, cansaço, excitação e medo.

A percepção também pode ser influenciada e até distorcida pelo uso de substâncias químicas como álcool, remédios e drogas ilícitas. Nas organizações, é grande a preocupação, principalmente de médicos e técnicos de segurança no trabalho, para estudar, identificar e gerenciar situações estruturais da empresa e comportamentos que podem distorcer a percepção e oferecer perigos.

> **LEMBRE-SE**
>
> No ambiente organizacional, a percepção é utilizada para a execução das atividades e da condução das relações humanas.

3.8.3 Influência da percepção no comportamento humano

As percepções são a base para a maioria das decisões e, consequentemente, dos comportamentos. Nas mais diferentes atividades cotidianas, há influências das informações obtidas e interpretadas pelos sentidos.

O ato de consumo, por exemplo, é fortemente influenciado pela percepção. É por isso que as empresas investem cada vez mais dinheiro para criar "experiências de compra", ou seja, hoje em dia, ao entrar em uma loja moderna, há um ambiente que foi cuidadosamente pensado para influenciar os sentidos. Luminosidade, temperatura, posicionamento das peças, texto escolhido para constar nas ofertas, som ambiente e até o aroma que se sente na loja foram todos detalhadamente pensados para criar sensações prazerosas que induzam a consumir.

Para falar do poder das palavras, imagens e cores, há assunto para centenas de páginas, isso para tentar exemplificar o uso dessas técnicas em novas embalagens, formatos de produtos, logomarcas e textos que tornam o produto/serviço irresistível.

No ambiente de trabalho, as empresas também têm procurado investir em técnicas que tragam conforto e condições para que o funcionário se sinta bem e produza mais. Paredes são derrubadas para tornar os ambientes mais claros e facilitar a comunicação, ambientes são decorados como se fossem verdadeiros parques de diversão, além de iniciativas como salas de repouso, liberação de animais de estimação nos ambientes de trabalho, entre outras ações. Tudo isso ocorre para que a empresa se pareça moderna e com o ambiente mais agradável.

A percepção está presente em tudo que se faz, por isso ela deve ser estudada e compreendida. A percepção pode ser uma aliada no momento em que decisões são tomadas e também pode gerar impulsividade e consumismo quando seduzida ou enganada.

3.8.4 Percepção e julgamento de outras pessoas

Desde os tempos mais remotos, aprende-se a utilizar as percepções para o auxílio nas tomadas de decisões. Ainda na Pré-História, o homem utilizava informações obtidas pelos sentidos para avaliar situações que poderiam representar perigo ou oportunidades para conquistar comida ou territórios.

Por mais que ocorram avanços tecnológicos, ainda há a ajuda imprescindível dos sentidos para avaliar e tomar centenas de pequenas e grandes decisões todos os dias.

Ao avaliar pessoas frequentemente, utilizam-se estratégias como as simplificações para que se possa rapidamente criar uma primeira impressão sobre o "desconhecido".

A teoria da atribuição propõe uma explicação para essa situação:

a. **Percepções seletivas:** correspondem àqueles elementos que chamam muito a atenção na pessoa como beleza/feiura, formatos do corpo, cor do cabelo, voz, entre outros.

b. **Efeito de halo:** significa que a impressão geral sobre a pessoa está fortemente embasada em uma única característica.

c. **Efeitos de contrastes:** é quando se comparam as características da pessoa que se conhece com outras pessoas parecidas.

d. **Projeções:** significa que se está atribuindo a outra pessoa características que são próprias de si mesmo.

e. **Estereótipos:** são julgamentos feitos a partir de uma ideia vaga que se tem da pessoa, um comportamento que ela apresenta e que lembra algo ou, ainda, em virtude do grupo social dela.

3.8.5 Autopercepção e as relações com o mundo externo

Denomina-se autopercepção o ato de elaborar uma imagem de si mesmo. Nesse processo, somam-se as impressões internas e externas que compõem a visão que há sobre a personalidade e os comportamentos.

INTELIGÊNCIA

A autopercepção verdadeira possibilita a compreensão de sentimentos, emoções, pensamentos, atitudes e sensações de uma maneira sincera e aprofundada, de modo que a pessoa possa ir além de possíveis avaliações irreais ou autoindulgentes.

Outro aspecto importante da autopercepção é a contribuição que ela oferece para a percepção da realidade e para as relações interpessoais.

Na medida em que se entende melhor o próprio funcionamento, pode-se enxergar as situações de forma lúcida, sem deixar que as emoções contaminem ou deturpem o que é verdadeiro. O indivíduo que tem visão clara sobre si mesmo também possui maior facilidade de relacionar-se com os outros, pois, conhecendo seus sentimentos, formas de agir e visão de mundo, ele consegue administrar melhor suas emoções, usar a empatia e relacionar-se de modo assertivo.

A consciência profunda que a autopercepção produz traz também um sentimento de tolerância em relação aos próprios sentimentos e expectativas. Compreender o que acontece no "mundo interior" é o primeiro passo para que a pessoa ajuste a relação entre o que ela sente e o que acontece no mundo exterior, sem cobranças exageradas, sentimentos de autopunição ou de autopiedade.

Esse processo de autoconhecimento é possível por meio de um exercício contínuo no qual a pessoa se dispõe, verdadeiramente, a descobrir a cada dia um pouco mais sobre si mesma. Isso pode acontecer por meio de algumas técnicas isoladas ou na reunião de algumas delas. Meditar, escrever, fazer terapia e conversar com pessoas conhecidas em quem se confia são algumas estratégias.

3.9 Vida afetiva

Desde o momento em que se nasce até a morte, o ser humano vivencia inúmeras formas de sentir as experiências e, ao mesmo tempo, expressar o que pensa e sente.

Chama-se afeto o grande conjunto de sentimentos e sensações que configuram a vida interna de todos os indivíduos. Conhecer o que acontece dentro de cada um traz a possibilidade de perceber melhor as qualidades e as potencialidades das pessoas, além de permitir ao indivíduo que se tenha uma vida emocional mais saudável nas interações com os outros.

Esse estado psicológico permite que a criação de laços afetivos na medida em que permite que o outro o conheça melhor e saiba como ele enxerga o mundo e vivencia as experiências das relações.

3.9.1 Emoções

A palavra **emoção** tem origem na expressão latina *emotio* e significa uma alteração forte, mas breve no estado de ânimo. A emoção pode ser uma sensação positiva e agradável ou negativa e desagradável.

Para a Psicologia, as emoções representam reações físicas e psicológicas do organismo para que ele se adapte às mudanças no ambiente e situações. As emoções também têm a capacidade de mudar a atenção, quando se está emocionado o foco da atenção é direcionado para aquilo que emociona.

As emoções provocam diferentes formas de respostas do organismo, podendo ser expressões faciais, tonalidades da voz, respiração, palpitação, relaxamento ou enrijecimento muscular, como também podem interferir no sistema biológico, alterando a imunidade, orientar o foco dos pensamentos e guiar os comportamentos.

Existem emoções primárias – raiva, alegria, medo e tristeza – , que são as mais comuns, sendo inatas e ligadas à necessidade de sobreviver.

Também há emoções secundárias, que são mais complexas por envolver combinações entre emoções primárias e situações derivadas do ambiente ou dos relacionamentos – vergonha, culpa, ciúme, inveja, ansiedade etc.

As emoções possuem basicamente duas importantes funções: provocar uma reação do organismo a um estímulo e regular o estado emocional interno, gerando sensações que tranquilizem ou motivem.

Muitas pessoas ainda fazem confusão entre as expressões "sentimento" e "emoção", porém, apesar de manterem certa relação, tais expressões não têm o mesmo significado. Sentimento refere-se a uma experiência interna e emoção é a expressão externa do sentimento.

EXEMPLO

Sente-se medo e expressa-se esse sentimento por meio de uma emoção, que provocará alguma reação, como uma expressão facial ou um ato de fuga ou de proteção. Portanto, ambas as expressões estão relacionadas, mas são diferentes.

3.9.2 Amor, alegria e felicidade

Palavra usada e ouvida cotidianamente nas mais variadas situações, o **amor** possui diversas formas de se manifestar e de ser entendido. Entre as definições mais comuns, encontram-se: "sentimento de carinho", "demonstração de afeto". Há, também, outras palavras muito utilizadas para explicar o que é o amor: afeição, querer bem, atração, paixão, conquista, sentimento, desejo, compaixão etc.

Existem várias expressões envolvendo o amor, entre elas: amor verdadeiro, amor platônico, amor incondicional, amor fraternal, amor próprio, entre outras.

O amor é importante para a saúde mental, pois, além de permitir a construção de uma profunda conexão com outra pessoa, garante a autoestima, a motivação, o comprometimento com alguém ou algo e também traz conforto, atenção do(s) outro(s) e proteção.

Alegria é normalmente definida como sendo um estado de extrema satisfação, contentamento ou de prazer. São sinônimos de alegria: júbilo, regozijo, entusiasmo, agrado, entre outras palavras.

Figura 3.2 - A alegria é expressa por sorrisos.

Felicidade é um estado de bem-estar, serenidade ou paz interior. É um estado muito particular e difícil de se definir, pois aquilo que pode representar felicidade para uma pessoa pode não ter a mesma importância para outra.

INTELIGÊNCIA 47

Apesar de muitas pessoas confundirem alegria com felicidade, elas não são a mesma coisa. É preciso compreender que, enquanto a felicidade é um estado emocional de satisfação, a alegria é a manifestação visível do estado de felicidade. Portanto, pode-se sentir feliz e, ainda assim, não demonstrar isso por meio de gestos de alegria.

3.9.3 Raiva, medo e tristeza

Também conhecida como fúria, cólera e ira, a **raiva** é caracterizada por representar um sentimento de irritação muito grande, de frustração ou rancor, que pode gerar hostilidade, agressividade, comportamentos impulsivos e prejudicar seriamente os relacionamentos.

Sentir raiva é algo normal na vida, pois ela representa sensações como medo, frustração, protesto, insegurança. Porém, a raiva deve ser estudada e tratada quando ocorre em excesso, de maneira crônica e desproporcional aos motivos que a geraram.

Medo é a maneira que a natureza encontrou para enviar um alerta ao cérebro de que algo é perigoso. Esse estado emocional pode disparar reações tanto físicas quanto psicológicas. Diante de uma situação ameaçadora, pode-se lutar, fugir, sentir pavor, nojo etc.

Os principais sintomas de medo são: coração acelerado, mãos úmidas, tremor nas pernas e mãos, boca seca, mandíbula e músculos das pernas e braços duros, respiração rápida e dilatação das pupilas. São inúmeras as situações que podem provocar medo, sendo algumas reais e outras imaginárias. O medo é um bom sinal de alerta, porém é prejudicial quando paralisa a pessoa, seja no cotidiano, nos relacionamentos ou na carreira profissional.

Figura 3.3 - Pode-se expressar raiva verbal ou fisicamente.

A **tristeza** é costumeiramente definida como um estado de desânimo, falta de alegria e melancolia. Além dos sintomas psicológicos, a tristeza também pode ocasionar sintomas físicos, como choro, insônia, falta de apetite, entre outros. Sentir-se triste diante de uma situação frustrante ou que provoque desconsolo, como a perda de um emprego ou a morte de alguém querido, é natural para todos os seres humanos. A tristeza deve ser tratada quando perdura por muitos dias e inviabiliza a pessoa de manter contato social e de continuar suas atividades cotidianas.

Todas essas emoções devem ser tratadas quando estão atrapalhando o cotidiano do indivíduo.

Figura 3.4 - A tristeza é caracterizada por falta de alegria ou de disposição.

3.9.4 Emoções no ambiente organizacional

As empresas costumam não sendo vistas como locais apropriados para expressar as emoções, uma vez que o ambiente organizacional ainda tem muita dificuldade para lidar com situações como tristeza, alegria, raiva, medo etc. É comum profissionais serem discriminados no ambiente de trabalho por expressar seus sentimentos.

Muitos líderes ainda consideram sinal de fraqueza a expressão das emoções no ambiente profissional. Para muitos chefes, o funcionário ideal é aquele que é forte emocionalmente e não demonstra suas limitações e seus sentimentos.

Porém, o ambiente organizacional por si só é responsável por muitos estados emocionais que se vivenciam diariamente. Estresse, raiva, fadiga, inveja, entusiasmo, alegria e motivação são apenas alguns desses estados manifestados durante a realização das tarefas e no contato interpessoal com colegas e chefias.

Como é impossível não sentir e, ao mesmo tempo, não é bem visto expressar todo tipo de sentimento, o que se pode fazer, para não sofrer calado ou se prejudicar profissionalmente, é aprender a gerenciar as emoções.

///// AMPLIE SEUS CONHECIMENTOS

"[...] No ambiente de trabalho, algumas emoções também podem ser úteis. O entusiasmo, por exemplo, é essencial para acordarmos cedo todos os dias e irmos trabalhar, cumprindo todas as tarefas que nos são designadas. [...]"

Leia o artigo *Como gerenciar emoções no ambiente de trabalho*, disponível em: <http://www.rh.com.br/Portal/Grupo_Equipe/Artigo/9396/como-gerenciar-emocoes-no-ambiente-de-trabalho.html>. Acesso em: 7 fev. 2020.

Foi visto anteriormente como ocorre o processo da inteligência emocional. Ela é um ótimo recurso para aprender a reconhecer e saber administrar as emoções de maneira assertiva.

Além dessa ferramenta, especialistas em gestão de pessoas recomendam que o profissional procure estabelecer um relacionamento franco com o líder para qual trabalha. Assim, ele se sentirá à vontade e terá confiança em compartilhar dificuldades e frustrações, sem medo de ser mal interpretado, avaliado negativamente ou punido em função disso.

Quando bem administradas, as emoções podem ser um ótimo recurso para o profissional lidar com suas expectativas e utilizar a empatia.

///// VAMOS RECAPITULAR?

Neste capítulo, vimos as inteligências múltiplas, o desenvolvimento da criatividade e a definição e importância da inteligência emocional. Aprendemos, ainda, os fatores que influenciam a atenção e a percepção.

AGORA É COM VOCÊ!

1. Como se define a inteligência interpessoal?

a. Capacidade de interagir com outras pessoas de maneira equilibrada e amorosa.

b. Habilidade de conseguir conviver com o outro de maneira harmoniosa, com compreensão, empatia e carisma.

c. Tentativa de alterar a opinião das outras pessoas utilizando técnicas de sedução.

d. Capacidade de persuadir outras pessoas a realizar coisas com as quais elas não concordam.

e. Habilidade de alterar a percepção das pessoas por meio de técnicas de alteração dos estímulos.

2. Entre as várias capacidades que pessoas com inteligência emocional apresentam, estão:

a. perceber vontades e necessidades não atendidas.

b. interpretar sonhos e sentimentos inconscientes.

c. reconhecer e administrar as próprias emoções.

d. perceber a diferença entre sentimentos contraditórios.

e. reconhecer intuições e sentimentos reprimidos.

3. A percepção social é uma grande ferramenta para se estabelecer empatia, pois:

a. corresponde à maneira como a pessoa constrói a sua imagem na sociedade.

b. corresponde à capacidade de identificar e interpretar comportamentos de outros indivíduos.

c. corresponde à habilidade de associar-se com pessoas que possam oferecer privilégios.

d. corresponde à capacidade de identificar como a pessoa espera ser tratada no trabalho.

e. corresponde à habilidade de associar-se com pessoas que tenham poder dentro da organização.

4

O INDIVÍDUO NAS ORGANIZAÇÕES

PARA COMEÇAR

Este capítulo trata da importância do trabalho para o desenvolvimento do ser humano. Também veremos o significado do trabalho para as ciências que estudam o bem-estar e o desenvolvimento do indivíduo dentro das organizações e na sociedade.

4.1 Conceito de organização

Desde que passou a viver em sociedade, o ser humano percebeu que seria mais proveitoso associar-se a outras pessoas para realizar suas atividades.

Originado da palavra grega *organon*, que significa instrumento, utensílio ou algo que se trabalha, o termo **organização** diz respeito à maneira como se compõem os recursos disponíveis para se alcançar os objetivos pretendidos.

Existem diversas formas de organização: clube, escola, hospital, empresa, sindicato, partido político, ONG, igreja, entre outras organizações formais. Entretanto, o termo refere-se também à maneira como as pessoas interagem entre si e como utilizam ferramentas, suprimentos e recursos para realizar, organizadas em grupo, as atividades a que se propõem.

Portanto, o conceito de organização pode ser interpretado de duas maneiras: organização como um grupo social, cujos membros se uniram em torno de um objetivo comum (por exemplo, um clube de futebol ou uma empresa); e como uma atividade realizada, ou seja, de que maneira uma atividade é planejada, estruturada e executada.

O conceito que mais será utilizado nos próximos capítulos será o da organização como grupo social que procura atingir seus objetivos por meio da comunicação e interação entre seus membros, a divisão das atividades, o respeito às regras próprias desse grupo, a supervisão de uma liderança, um sistema de recompensas e um senso coletivo de pertencimento e de necessidade de atingir os propósitos dessa organização.

O trabalho exerce um papel de grande importância na vida de todos. É por meio dele que as pessoas adquirem condições financeiras para se manter e conquistar os objetivos. Com o trabalho, desenvolvem-se as competências e as habilidades, descobrem-se as aptidões e o gosto por algumas atividades, o que definirá a profissão e a carreira de cada um.

No trabalho, aumenta-se o círculo de colegas, amigos e contatos profissionais, além do aprendizado de trabalhar em equipe e de saber da importância dos bons relacionamentos para satisfazer a empresa.

Ter um trabalho também ajuda a melhorar a autoestima, pois o indivíduo se sente mais respeitado na sociedade e sente que está sendo útil.

O trabalho também muda a visão de mundo, a relação com as pessoas e a imagem que cada um tem de si. Por isso, deve-se sempre procurar trabalhar em atividades que ofereçam satisfação e motivação.

4.2 O homem e o trabalho

O trabalho sempre ocupou um papel central na vida do ser humano. Desde os tempos mais remotos, o homem precisou do trabalho para suprir suas necessidades de alimentação, proteção, moradia, entre outras.

Existem inúmeras maneiras de avaliar e entender o significado do trabalho: a Economia, a Sociologia, a Antropologia, a Psicologia e as Ciências Sociais são apenas algumas formas de interpretar a importância e o papel do trabalho na vida das pessoas.

Existem ainda condições que complementam e influenciam esses estudos: condições econômicas, concepções políticas, visões religiosas, ideologias, situações históricas, questões culturais etc.

Enquanto para algumas dessas correntes de pensamento o trabalho é visto como algo positivo, que ajuda na evolução do indivíduo e serve para garantir seu sustento, outras correntes enxergam o trabalho como um fardo pesado que a pessoa cumpre por obrigação e necessidade.

Deve-se primeiramente entender que o trabalho é uma atividade social, que tem um papel importante, concede *status* e pode trazer satisfação ao indivíduo. Buscar trabalhar em uma atividade com a qual o indivíduo se identifique e para a qual tenha habilidade é o primeiro passo para encontrar essa satisfação.

Em contrapartida, deve-se reconhecer que existem atividades que são meramente repetitivas, outras que são exercidas em condições prejudiciais ao trabalhador e muitas outras que não remuneram adequadamente aqueles que as exercem.

Como o indivíduo passa grande parte do tempo trabalhando, é valiosa a visão, cada vez mais atual, de que o trabalho deve ser algo que traga dignidade, ofereça condições para exercer e aperfeiçoar seus talentos, além de ser algo útil para a sociedade.

4.3 Comportamento organizacional

Após aprender o que é uma organização, é importante procurar identificar e compreender como as pessoas se comportam dentro das organizações das quais participam.

Dá-se o nome de comportamento organizacional ao estudo dos comportamentos que os indivíduos apresentam dentro de organizações, como empresas, e das influências desses comportamentos nos relacionamentos e no desempenho das organizações.

A administração de empresas interessa-se por esses estudos, pois encontra neles mecanismos para lidar com problemas comuns, como retenção de talentos, desenvolvimento de profissionais, satisfação de clientes, motivação no trabalho, liderança, entre outros assuntos que estão diretamente ligados à maneira como as pessoas se relacionam e como elas enxergam o seu trabalho.

Os líderes mais atualizados e as empresas mais eficientes têm dado cada vez mais atenção ao comportamento organizacional, pois sabem que, em um ambiente de negócios altamente competitivo e no qual os recursos tecnológicos são basicamente os mesmos para a maioria das empresas, o que muitas vezes pode fazer uma diferença competitiva entre uma empresa e outra é a qualidade e a satisfação de seus funcionários.

//// AMPLIE SEUS CONHECIMENTOS

Conheça a diferença entre líder e chefe no link: <https://www.portaleducacao.com.br/conteudo/artigos/lideranca/diferenca-entre-chefe-e-lider-como-liderar/60142>. Acesso em: 8 fev. 2020.

Alguns estudiosos dividem os comportamentos organizacionais em dois níveis:

a. **Níveis individuais:** referem-se a motivações, necessidades e expectativas que cada trabalhador tem em relação ao seu trabalho e as habilidades e competências que ele possui.

b. **Níveis grupais:** trata-se das maneiras que os indivíduos encontram para se comunicar, interagir, exercer liderança e as formas estipuladas para realizar as tarefas necessárias.

4.4 Teorias comportamentais

A administração de empresas é uma ciência relativamente nova. Ela começou a se organizar como ciência a partir da Revolução Industrial no fim do século XVIII, quando as primeiras indústrias buscavam novas formas de lidar com os trabalhadores e motivá-los, e assim, melhorar a produtividade.

As primeiras teorias administrativas pretendiam aperfeiçoar o processo produtivo visando à organização racional das tarefas e à divisão das atividades em cargos e departamentos. Até então, o trabalhador era visto como apenas um componente da "máquina", que não poderia deixar de produzir.

A partir do desenvolvimento da Teoria das Relações Humanas, o trabalhador passou a ser visto não mais como uma peça, mas como um ser vivo que possui sentimentos, capacidades, necessidades e expectativas.

Essa nova visão do trabalhador surgiu na década de 1930, nos Estados Unidos, e reuniu pesquisas e livros de diversos estudiosos, entre eles o médico e sociólogo australiano Elton George Mayo (1880-1949), que fez diversos estudos importantes para compreender como o trabalhador se relaciona com suas atividades e de que maneira fatores externos influenciam o seu desempenho.

Entre os estudos de Mayo, destacaram-se os testes realizados em esteiras de produção, nas quais ele alternava a iluminação para verificar como isso afetava o rendimento dos trabalhadores. Mayo fez ainda testes que envolviam pequenas alterações em questões como intervalos de descanso, horários de trabalho e no lanche servido aos trabalhadores. Em todos eles, o objetivo era verificar que mudanças poderiam ser feitas para melhorar as condições de trabalho e, ao mesmo tempo, aumentar a produção.

Outra questão percebida nesses estudos foi a importância das relações entre os trabalhadores para a satisfação pessoal e a produtividade.

4.5 Relações humanas no trabalho

Grande parte do sucesso ou fracasso de um profissional advém das relações que ele estabelece com colegas de trabalhos, lideranças da empresa, clientes e fornecedores.

As habilidades e as competências possuem grande influência na avaliação do desempenho do profissional, entretanto, pesquisas e relatos de diretores, gerentes e especialistas em recursos humanos têm demonstrado que a qualidade dos relacionamentos é um dos fatores que mais pesam na hora de promover ou demitir um profissional.

As empresas não admitem, mas aspectos como confiança, educação, respeito, parceria/colaboração e amizade influenciam muito as avaliações de seus funcionários. Ser competente tecnicamente é muito valorizado, porém não é garantia de sucesso profissional, sobretudo se o indivíduo não souber se relacionar bem com aqueles com quem trabalha.

Ter sucesso nesse aspecto depende de conhecer as próprias emoções, ser amigável e parceiro dos colegas e entender como funcionam os grupos.

4.5.1 Relações intrapessoais

Todos carregam dentro de si emoções, pensamentos, temores, experiências, necessidades, alegrias, decepções, sonhos e muitos outros elementos que ajudam a construir a personalidade e servem para a orientação.

Chama-se de relação intrapessoal o contato que o indivíduo estabelece com o seu "mundo interior". Pessoas que conseguem perceber com facilidade suas emoções possuem maior capacidade para administrar seus sentimentos em favor de sua carreira, vida pessoal e relacionamentos.

Em contrapartida, ou seja, pessoas que possuem dificuldade em entender como elas mesmas funcionam e como pensam, costumam ter problemas de relacionamento, são vistas como insensíveis e, muitas vezes, até mesmo como impacientes, inseguras e agressivas.

Pessoas que possuem boa comunicação intrapessoal costumam também conseguir estabelecer empatia com certa facilidade, ou seja, na medida em que se melhora a percepção do mundo interior, também se aperfeiçoa a capacidade de perceber o estado interior das outras pessoas.

Uma boa compreensão do mundo interior ajuda em diversos aspectos durante o desempenho profissional. Entre eles, ajuda no processo de decisões, torna mais claros os objetivos e as necessidades, permite autocontrole emocional, além de facilitar as relações com outras pessoas (interpessoais).

Para desenvolver a capacidade de acessar e interpretar o mundo interior, pode-se utilizar várias estratégias, entre elas:

a. reservar um momento do dia para refletir sobre os próprios sentimentos;

b. manter relacionamentos saudáveis com amigos e familiares;

c. criar o hábito de escrever sobre as próprias ideias e emoções;

d. realizar atividades que propiciem momentos sozinhos e de reflexão;

e. fazer terapia com o intuito de se conhecer melhor.

4.5.2 Relações interpessoais

O ser humano é um ser social, ou seja, precisa se relacionar com outras pessoas para se desenvolver, receber afeto e atenção.

Toda vez que duas ou mais pessoas interagem, dá-se o nome de relacionamento interpessoal. Essas relações são orientadas por normas sociais, que estabelecem o que é permitido ou não nessas interações.

Os conflitos podem surgir quando ocorrem divergências de ideias, expectativas, crenças, motivações e objetivos. Quando essas situações não são corretamente resolvidas, os resultados podem ser hostilidade, desconfiança, desmotivação, queda de rendimento, entre outras.

No ambiente de trabalho, a boa interação das pessoas é fundamental para o sucesso das organizações. O mundo dos negócios está repleto de histórias de produtos e serviços inovadores que não obtiveram grandes resultados devido aos problemas de relacionamentos nas empresas.

Bons relacionamentos profissionais se estabelecem a partir de premissas como: saber respeitar as individualidades e diferentes opiniões, oferecer apoio para a superação de dificuldades, capacidade de utilizar a empatia para se colocar no lugar do outro, comunicar-se de maneira clara e franca, além de agir de maneira ética e comprometida com os objetivos do grupo.

Pesquisadores que estudam os relacionamentos interpessoais nas organizações sugerem algumas estratégias para que se favoreçam esses contatos:

a. estimular a cooperação e a integração entre os membros do grupo;

b. transformar grupos de trabalho em equipes de alto desempenho;

c. manter canais que propiciem a comunicação direta e franca;

d. desenvolver uma gestão participativa;

e. estabelecer a prática do *feedback* construtivo e constante.

4.5.3 Relações intergrupais

As relações que ocorrem entre grupos de pessoas recebem o nome de relacionamento intergrupal. Um grupo consiste na união entre duas ou mais pessoas que interagem.

As diversas organizações que formam a sociedade são compostas por grupos que se unem em prol de um mesmo objetivo. Associações, clubes, igrejas, escolas, sindicatos, partidos, entre outras organizações, são compostas por vários grupos que se juntam e interagem.

Uma empresa também é composta por diferentes grupos que buscam os mesmos objetivos. O sucesso empresarial só é possível por meio de uma boa sintonia entre grupos, que se dividem em setores e departamentos, como diretoria, RH, *marketing*, vendas, atendimento e produção.

Os relacionamentos entre os grupos devem ser acompanhados com atenção pelas lideranças da empresa. Quando a interação não acontece de maneira harmoniosa, existe a possibilidade de surgirem rivalidades e disputas internas, que podem afetar a motivação interna e o desempenho da empresa.

Para que ocorra uma boa interação entre os diferentes grupos que formam a organização, deve-se observar como os papéis são divididos internamente, como a liderança é exercida e como é vista pelos membros, a forma como se dá a comunicação internamente e entre os grupos, os incentivos que são dados para que ocorra a cooperação, além da relação entre os líderes.

Grupos que conseguem unir esforços percebem que competências e habilidades são complementares e que somente por meio dessa sinergia é que a organização vai conseguir alcançar os seus objetivos.

Muitas organizações buscam promover a integração entre grupos criando situações que incentivem a cooperação, a interação e o conhecimento mútuo. É cada vez mais comum nas empresas que algumas atividades sejam conduzidas por grupos formados por indivíduos de departamentos diferentes.

4.5.4 Relações humanas no trabalho

Os relacionamentos entre os indivíduos nas empresas exercem grande influência sobre o desempenho delas. Além de inovações tecnológicas e diferenciais na qualidade de produtos e serviços, as empresas têm buscado estabelecer ambientes de cooperação e parceria entre seus colaboradores, com o propósito de que isso se reflita nos resultados dos negócios.

Mas essa não deve ser uma preocupação apenas das lideranças e departamentos de recursos humanos. O profissional também deve buscar estabelecer relações saudáveis e positivas com os colegas para que isso o ajude em seu rendimento.

É cada vez maior a consciência de que apenas a competência técnica não é o suficiente para se alcançar o sucesso na carreira. Profissionais das mais diferentes áreas de atuação têm dado mais atenção a questões como estabelecer uma boa rede de relacionamentos (*networking*) e criar vínculos positivos com colegas de trabalho.

> **FIQUE DE OLHO!**
>
> *Networking* é a rede de contatos profissionais.

Especialistas em carreira relacionam algumas atitudes diárias que cada um pode adotar para conquistar a simpatia e o apoio daqueles com quem trabalha. Entre essas atitudes, destacam-se:

a. valorizar todos os que trabalham ao redor. Procurar dar atenção e respeitar a todos, independentemente da idade, aparência ou cargo;

b. respeitar as diferenças de ritmo de aprendizado, buscando ser um facilitador do aprendizado dos colegas;

c. procurar ajudar sempre que possível e colocar-se à disposição para que o colega se sinta à vontade para pedir ajuda quando precisar;

d. respeitar ideias e opiniões diferentes, sabendo que não concordar não significa menosprezar ou desqualificar a ideia ou a pessoa;

e. ser claro na comunicação, sempre agindo de maneira franca e evitando comentários maldosos, fofocas ou intrigas;

f. agir de maneira ética, com educação e solidariedade;

g. adotar uma postura otimista frente aos problemas.

4.6 Cultura organizacional

Toda organização possui um conjunto de normas e valores próprios. Não importa o tamanho ou a maneira como ela está constituída, formal ou informalmente, desde um clube esportivo a um partido político, todas essas organizações possuem o que se chama de cultura organizacional.

Como visto anteriormente, para que exista uma organização é necessário que pessoas se reúnam em prol de objetivos comuns. Na medida em que elas se reúnem, formam grupos, dividem atividades e interagem, começa a se formar um conjunto de ideias, regras, costumes e crenças que orientarão a conduta dessa organização.

Conhecer a cultura da organização é importante, tanto para alguém que está iniciando na empresa quanto para quem quer entender o seu funcionamento.

4.6.1 Princípios e valores organizacionais

O convívio diário e a execução das tarefas cotidianas faz com que, com o tempo, ocorra a mistura e a somatória de crenças e valores individuais que ajudarão a formar os valores da organização.

Os valores são a representação daquilo que as pessoas acreditam e que as motiva a utilizar sua energia e talento na busca dos objetivos comuns do grupo. Valores, ou princípios organizacionais, também servem para dar unidade e coerência ao grupo. Um grupo que possui valores fortes demonstra unidade no discurso, nas atitudes e nos objetivos, ou seja, pensa e age da mesma maneira.

Esses valores servem para moldar os comportamentos que aquele grupo espera de seus membros, o que é permitido ou não, o que é valorizado e respeitado e quais propósitos a organização possui.

São exemplos de valores organizacionais: honestidade, valorização do ser humano, espírito de equipe, transparência, satisfação do cliente, qualidade, responsabilidade social e ambiental, entre outros.

Ao se formar o conjunto de valores organizacionais, é possível identificar uma personalidade. Assim, verifica-se como ela atua, que princípios éticos regem sua atuação e no que acreditam as pessoas que formam a organização. Isso ajuda a diferenciar uma organização de outra.

O INDIVÍDUO NAS ORGANIZAÇÕES

Existem organizações que não se preocupam em escrever e divulgar os seus valores. Isso não quer dizer que a organização não possua princípios organizacionais. Os valores organizacionais são a soma de crenças, normas, posturas e expectativas que todos os grupos possuem, independentemente de divulgá-los ou não.

Uma organização que pretende crescer e continuar existindo precisa se preocupar em pensar sobre quais são seus valores, divulgá-los e colocá-los em prática para que eles não sejam apenas boas intenções.

4.6.2 Elementos que constituem cultura organizacional

A cultura de uma organização não é um texto bonito que alguém bem-intencionado prepara no intuito de criar um ambiente agradável e bem-sucedido. Ela é formada aos poucos, na medida em que as pessoas convivem, trocam experiências e vivenciam situações que alimentam convicções, expectativas e normas de conduta.

Estudiosos sobre o assunto relacionam alguns elementos que ajudam a formar a cultura organizacional.

a. **Valores:** representam o que se pode chamar de essência da organização. Normalmente, são os valores que originam a formação de uma organização. Valores comuns são: transparência, criatividade, respeito, cooperação, orientação para o mercado, confiança, competência etc.

b. **Crenças:** referem-se àquilo que a organização acredita que é certo e verdadeiro. Normalmente, elas são muito particulares de uma organização para outra e têm muito a ver com as experiências vividas. Alguns exemplos de crenças são: convicções, temores, expectativas, percepções etc.

c. **Rituais e cerimônias:** são atividades próprias de cada organização, que servem para celebrar acontecimentos, unir e motivar os membros ou reforçar valores importantes. Alguns exemplos: festas e confraternizações, premiações, vídeos sobre a história do grupo, relatos sobre experiências etc.

d. **Mitos e histórias:** são os relatos de situações que ocorreram (ou não) na organização, que mostram aos membros como problemas podem ser enfrentados e ajudam a motivar os membros do grupo.

e. **Heróis e personagens:** são as pessoas que foram importantes para a história da organização e demonstram como suas atitudes podem motivar o orientar os membros atuais.

f. **Normas:** trata-se das regras que definem os comportamentos considerados corretos pela organização e que devem ser respeitadas pelos membros.

g. **Tabus:** é tudo aquilo que não é admitido na organização; são temas críticos e polêmicos que quase nunca são tratados e, quando isso acontece, ocorre de maneira discreta e por apenas alguns membros.

h. **Comunicação:** é a troca de informações que ocorre na organização. Isso acontece de maneira formal por meio de documentos, comunicados, reuniões; e também de maneira informal, por meio de conversas. A comunicação ajuda a estabelecer e solidificar os elementos organizacionais.

Elementos bem definidos da cultura organizacional ajudam a criar a identidade da organização, além de favorecer os relacionamentos e os resultados. Para definir esses elementos, muitas organizações estabelecem ações para discutir e divulgar sua cultura.

Tais ações consistem em encontros, que servem como orientação e de base para perceber quais são os elementos que formam a cultura da organização. As reflexões mais comuns são:

a. Qual é missão da organização? Por que e para que ela existe?

b. Quais convicções morais e éticas conduzem a organização?

c. Como a organização é vista pelos outros grupos que se relacionam com ela?

d. Que condutas, posturas e comportamentos são esperados de quem faz parte da organização?

e. Como a organização pode colaborar para o desenvolvimento da sociedade?

f. Como a organização pode atuar de maneira a respeitar o ambiente?

4.6.3 Missão, visão e valores

Ao desenvolver essas reflexões, os membros da organização formam três conceitos que expressam a cultura organizacional. São eles: missão, visão e valores.

▸ **Missão:** serve para definir a razão de a organização existir, quais propósitos ela possui, quais valores ela oferece para a sociedade e qual é a identidade que a diferencia das demais. Exemplos de missão: "Resolver problemas insolvíveis de maneira inovadora" – 3M; "Preservar e melhorar a vida do ser humano" – Laboratórios Merck; "Fazer as pessoas felizes" – Disney.

▸ **Visão:** diz respeito aos objetivos e metas da organização. Significa o lugar a que o grupo pretende ir e o que pretende alcançar. Visão também pode ser entendida como a maneira que a organização enxerga que será o futuro e como ela se comportará até lá. São exemplos de visão organizacional: "Ser o melhor grupo financeiro do Brasil em geração de valor para clientes, acionistas e colaboradores" – HSBC; "Organizar as informações do mundo para que sejam universalmente acessíveis e úteis para todos" – Google.

▸ **Valores:** representam os princípios e as crenças que orientam o comportamento da organização. Também servem para orientar as estratégias que conduzirão a organização a atingir a sua missão. Os valores do Grupo Gerdau, por exemplo, são: "Ter a preferência do cliente; segurança das pessoas acima de tudo; pessoas respeitadas, comprometidas e realizadas; excelência com simplicidade; foco em resultados; integridade com todos os públicos; sustentabilidade econômica, social e ambiental".

É importante lembrar que, da mesma maneira que visão, missão e valores servem para orientar os passos da organização, também existem valores que podem limitar, atrapalhar e até mesmo prejudicar a organização. Alguns deles são: controles excessivos, foco apenas no curto prazo, burocracia, vaidade, arrogância, exploração, procrastinação, manipulação, feudos, retenção de informações, autoritarismo, disseminação do medo, rivalidade, entre outros.

4.7 Ética corporativa

Originária da expressão grega *ethos*, que significa modo de ser ou caráter, a palavra **ética** representa os julgamentos que se faz para orientar a conduta e os comportamentos na sociedade.

A ética é responsável pela construção do caráter, pela imagem que inspira as outras pessoas e por determinar por quais virtudes e características cada um será lembrado.

Alguns valores fundamentais e universais ajudam a determinar comportamentos éticos esperados pela sociedade. Entre eles, pode-se destacar: respeito, responsabilidade, cooperação, honestidade, solidariedade, diálogo e altruísmo.

No ambiente corporativo, a ética tem recebido cada vez mais atenção de líderes, gestores de RH e executivos preocupados em orientar seus colaboradores a comportarem-se de maneira ética, de acordo com as regras e os valores da empresa, respeitando a legislação e as expectativas da sociedade.

4.7.1 Ética e moral

Existe muita confusão sobre o que é ética e moral. Muitas vezes, ambos os termos são vistos como sinônimos, porém, eles possuem distinções.

Ética está relacionada aos julgamentos que se faz sobre os conceitos morais, ou seja, é por meio da ética que se avalia se uma regra moral é adequada ou não à situação que se vivencia e se ela condiz com os valores e as crenças.

A palavra **moral** origina-se do termo latino *morales*. Seu conceito está relacionado a costumes e regras aplicadas ao cotidiano. Cada sociedade possui um conjunto de regras próprias sobre o que seus cidadãos podem ou não fazer, como devem se comportar e que tipos de posturas são proibidas ou repreendidas.

É importante lembrar que as regras morais mudam de acordo com a sociedade e com a época. Uma regra moral vista como normal e aceita pelo grupo social hoje pode ser considerada ultrapassada e deixar de ser seguida daqui a alguns anos ou décadas. Portanto, o que é chamado de moral ou imoral, bom ou mau, certo ou errado hoje pode não ser considerado da mesma maneira no futuro.

Pode-se afirmar que tanto a ética como a moral servem para criar as bases para o comportamento do indivíduo em sociedade, porém nem sempre ambas caminham em conjunto.

É possível que uma pessoa aja de maneira ética e imoral ao mesmo tempo. Isso acontece quando a pessoa desobedece uma regra ao refletir sobre ela (pensamento ético) e concluir que a regra está errada ou ultrapassada.

A luta pelos direitos de grupos discriminados socialmente está repleta de exemplos dessa situação. Pode-se lembrar de situações como as vividas pelos negros estadunidenses que, para defenderem o direito a um tratamento igualitário, simplesmente desprezavam regras que serviam para os discriminar.

4.7.2 Ética profissional

Não é somente da competência e dos relacionamentos que se faz o sucesso profissional. É cada vez mais importante que o profissional seja visto pelo mercado como alguém que possui uma conduta ética e tenha um currículo livre de acusações, escândalos profissionais ou que esteja associado a grupos que têm condutas vistas como inadequadas.

A maioria das profissões é orientada por um conjunto de regras e procedimentos estabelecidos por códigos de ética profissional. Conselhos que reúnem e regulamentam profissões, como a de médicos, advogados, jornalistas, entre outras, elaboram, divulgam e cobram de seus associados o cumprimento às regras desses códigos de ética.

Com o advento da internet e das redes sociais, é cada vez mais comum que as empresas monitorem o comportamento de seus colaboradores e verifiquem as "qualificações éticas" daqueles que se candidatam a trabalhar nessas organizações.

Alguns exemplos de posturas profissionais éticas esperadas pelas empresas são: capacidade de guardar sigilo de informações estratégicas para a organização; comportamento honesto; respeito e educação nas relações com todas as pessoas independentemente de cargo, idade ou raça; agir de maneira humilde; saber atuar de maneira justa, isenta e equilibrada; manter o otimismo e a motivação independentemente da situação; agir com integridade respeitando e cumprindo acordos estabelecidos; ser responsável por suas atitudes; ser cooperativo e solidário.

Profissionais que atuam de maneira íntegra e ética costumam ser valorizados pelas organizações por inspirar confiança em seus relacionamentos profissionais, colaborar para que o ambiente seja agradável, conquistar a simpatia e a colaboração dos colegas de trabalho, além de atrair respeito e admiração daqueles com os quais se relacionam.

//// AMPLIE SEUS CONHECIMENTOS

"[...] A ética profissional é um conjunto de valores e normas de comportamento e de relacionamento adotados no ambiente de trabalho [...]"

Leia mais sobre ética profissional em: <http://www.guiadacarreira.com.br/carreira/o-que-e-etica-profissional/>. Acesso em: 8 fev. 2020.

4.7.3 Ética nos negócios

Da mesma maneira que os profissionais são avaliados de acordo com sua ética, as organizações também possuem uma imagem junto ao mercado, a qual está relacionada à sua história e conduta ética.

Organizações que não prezam por condutas consideradas éticas, ou seja, que atuam de maneira desonesta, desleal ou imoral, podem ser punidas pela Justiça, sendo impedidas de negociar com governos, além de sofrer a pior das punições para quem depende do consumidor: a má reputação e o desprezo dos clientes.

Nos últimos anos, observaram-se casos rumorosos de empresas que perderam valor no mercado, que viram sua participação nas vendas serem reduzidas e, até mesmo, casos em que optaram por mudar de nome depois que perceberam que suas reputações estavam muito desgastadas e que somente o reinício poderia mudar esse quadro.

Hoje, as empresas são avaliadas por associações de consumidores, programas de televisão, sites de avaliação, aplicativos de celular e, principalmente, pelas redes sociais. Portanto, percebe-se como normal que muitas empresas criem departamentos específicos para procurar resolver rapidamente problemas com clientes a fim de não deixar o "boca a boca virtual" criar uma avalanche que prejudique sua imagem.

Entende-se por empresa ética aquela que adota políticas que garantam a transparência em suas ações, a honestidade, o respeito às leis, a responsabilidade socioambiental e que preze por uma comunicação franca e clara com a sociedade, mesmo em momentos de dificuldade.

Outro aspecto a ser avaliado pela análise da postura ética de uma empresa diz respeito à atenção que ela dá para solucionar problemas de seus consumidores e como ela se porta quando enfrenta dificuldades econômicas, de qualidade ou relacionamento. Infelizmente, ainda é comum ver empresas que simplesmente fingem que nada está acontecendo.

4.7.4 Códigos de conduta e ética corporativa

Organizações são muito mais do que denominações jurídicas que possuem fins específicos. Todas elas, sem exceção, somente existem por serem formadas por pessoas. A identidade e as ações dessas organizações são resultados de valores, crenças e sentimentos das pessoas que formam esses grupos organizacionais.

Assim como uma organização pode ser reconhecida e valorizada pela qualidade dos serviços que presta à sociedade, ela pode ter sua imagem deteriorada e até mesmo ver suas atividades inviabilizadas em virtude de erros éticos cometidos por seus membros.

Preocupadas em garantir que seus membros se portem de acordo com os princípios éticos para a sociedade, muitas organizações têm adotado a prática de elaborar e praticar um código de ética corporativa.

Trata-se de um conjunto de declarações que condizem com os valores e as crenças da organização e nos quais ela baseia suas atividades e seu comportamento internamente e perante a sociedade.

Nesse documento, constam orientações sobre a relação com fornecedores e órgãos governamentais, como os conflitos devem ser solucionados, de que maneira devem ocorrer as relações entre funcionários e lideranças, além de manifestar sua visão sobre questões como qualidade, atendimento, inovação, transparência, uso dos recursos tecnológicos como e-mail e internet, zelo pelo patrimônio, integridade, sigilo e responsabilidade socioambiental.

O código de ética corporativo é um documento que deve ser de conhecimento geral e seguido por todos aqueles que fazem parte da organização, não importando cargo, tempo de casa ou salário. Todos, sem exceção, devem cumpri-lo.

As organizações costumam utilizar o código de ética também para manifestar de maneira clara quais são as regras e as atitudes que são proibidas, citando, inclusive, as punições a que estão sujeitos aqueles que descumprirem esse documento.

//// **VAMOS RECAPITULAR?**

Neste capítulo, compreendemos o papel do indivíduo nas organizações, as relações interpessoais e a cultura organizacional.

AGORA É COM VOCÊ!

1. Entre as várias definições do termo "organização", pode-se afirmar que:

   a. diz respeito à maneira como se compõem os recursos disponíveis para se alcançar os objetivos pretendidos.

   b. é uma das maneiras encontradas para produzir produtos ou serviços considerados essenciais.

   c. corresponde à tentativa de reunir pessoas com propósitos parecidos.

   d. é a maneira pela qual a empresa transmite seus valores, suas crenças e seus objetivos.

   e. são estratégias encontradas para se obter o máximo de lucros com o mínimo de esforços.

2. De que maneira as normas sociais orientam as relações interpessoais?

   a. Conduzem as pessoas a manifestar-se de maneira satisfatória na sociedade.

   b. Delimitam quais necessidades podem ser atendidas por meio das relações sociais.

   c. Estabelecem o que é permitido ou não nas relações interpessoais.

   d. Escolhem os comportamentos que devem ser adotados nas interações sociais.

   e. São auxiliares para que as pessoas possam agir com naturalidade.

3. Os principais elementos que compõem a cultura organizacional são:

   a. expectativas, necessidades, metas, normas e objetivos.

   b. jeitos característicos de entender o mercado e inovação na forma de agir.

   c. atributos como inventividade, rapidez, flexibilidade e qualidade.

   d. valores, crenças, rituais, cerimônias, mitos, histórias, personagens, normas e tabus.

   e. resiliência, adaptação, credibilidade, normatização e consciência social.

4. Ao conjunto de declarações que condizem com valores e crenças da organização e pelos quais ela baseia suas atividades e seu comportamento internamente e perante a sociedade, dá-se o nome de:

   a. código de posturas administrativas.

   b. manual de comportamentos e processos.

   c. código interno de procedimentos.

   d. código de ética corporativa.

   e. manual de condutas corporativas.

5. Ao estudar as organizações e suas finalidades, pode-se afirmar que:

   a. uma organização é única e, exclusivamente, é uma reunião de pessoas com propósitos semelhantes.

   b. a organização é conjunção de interesses individuais com expectativas coletivas.

   c. a organização existe com o propósito de auxiliar a obtenção dos objetivos pessoais.

   d. a organização pode ser tanto um grupo social cujos membros se uniram em torno de um objetivo comum, como também se referir a uma atividade realizada, planejada, estruturada e executada.

   e. a organização é uma forma de classificação biológica utilizada para o estudo dos comportamentos humanos.

6. À medida que se estruturam e se desenvolvem, as organizações formam as bases de seus princípios, que são traduzidos por meio de sua missão, sua visão e seus valores. De maneira objetiva, pode-se afirmar que os valores organizacionais correspondem aos seguintes aspectos:

   a. São os preços praticados pelos produtos comercializados ou serviços prestados.

   b. Diz respeito aos motivos que levaram ao surgimento da organização.

   c. São planos e metas que a organização pretende alcançar.

   d. Representam os princípios e crenças que orientam o comportamento da organização.

   e. São as ideias que a organização empresta de outras entidades maiores.

7. Ainda existe muita confusão a respeito das diferenças entre os termos ética e moral. Apesar das inúmeras interpretações, consegue-se distinguir ambos os termos da seguinte maneira:

   a. Ética é uma ciência que estuda posturas e deliberações jurídicas; moral diz respeito à autoridade sobre algum assunto.

   b. Ética é uma maneira de interpretar situações que já aconteceram; moral mostra como se comportar em situações futuras.

   c. Ética está relacionada aos julgamentos que se faz para avaliar se uma regra moral é adequada ou não; moral está relacionada aos costumes e às regras aplicadas ao cotidiano.

   d. Ética é o estudo dos comportamentos; moral diz respeito ao tamanho da importância que alguém dá para o grupo social.

   e. ética tem importância maior do que moral; ética se traduz em leis e normas, enquanto a moral é apenas uma interpretação da realidade.

5

MUDANÇA ORGANIZACIONAL

PARA COMEÇAR

Neste capítulo será estudada a evolução que ocorreu na sociedade, que alterou a vida do indivíduo por conta das transformações nas organizações, na família, nos grupos de amigos etc. E, ainda, veremos em que medida os avanços científicos e tecnológicos influenciaram essas mudanças.

Ao procurar o significado da palavra **mudança** no dicionário ou na internet, certamente encontraremos algumas interpretações que explicam o termo como uma transformação ou alteração de um estado atual para uma nova situação futura. Aparentemente, mudar parece algo natural e necessário para a continuidade e as evolução da vida e das atividades humanas.

Muitas vezes, ouve-se a expressão "mudar é preciso" para atestar que as mudanças fazem parte da vida e que se deve estar preparado e adaptar-se a elas. Porém, vale aqui duas reflexões: "Todas as mudanças que se passaram ao longo da vida foram bem-vindas?" e "Quantas mudanças foram realmente necessárias?". Nem sempre uma mudança é algo necessariamente bom e muito menos desejado.

Isso não quer dizer que as mudanças devem ser evitadas. O que se pretende com essas primeiras reflexões é trazer os primeiros indícios de que, apesar de tão faladas nos meios acadêmicos e de negócios, as mudanças ainda são vistas com temor pelas pessoas. Entender esse princípio pode ajudar a perceber os motivos de algumas mudanças fracassarem e saber como motivar as pessoas a mudar.

5.1 Conceitos e variáveis que influenciam a mudança

Mudança significa alterar, transformar, trocar ou mudar. Pode-se classificar como mudança qualquer alteração de um estado ou situação anterior a outro.

Algumas mudanças ocorrem de maneira planejada e outras de forma inesperada. Qualquer uma delas, no entanto, promove alterações na vida de quem está envolvido.

Todo ser humano passa por diversas mudanças na vida, sejam elas fisiológicas, psicológicas, comportamentais ou sociais. Entretanto, nem sempre se está preparado para essas alterações e, quando não são assimiladas corretamente, podem originar problemas de adaptação, demora para adequações ao novo estado e, até mesmo, revolta com a situação.

Enquanto muitas mudanças são internas ou naturais, outras são impostas pela sociedade e pelos grupos sociais. Fazer parte de um grupo social significa concordar com os valores e as normas desse grupo e participar ou ser envolvido por elas.

A sociedade também passa por mudanças constantes. São alterações em função do crescimento populacional; revoluções nos costumes; mudanças na maneira de interagir, produzir ou realizar negócios; transformações causadas pelos avanços científicos e tecnológicos, entre outras.

Existem diversos fatores que influenciam os processos de mudança (Tabela 5.1).

Tabela 5.1 - Fatores que influenciam os processos de mudança

PSICOLÓGICOS	Medo, motivação, necessidade, desejo, alegria etc.
BIOLÓGICOS	Epidemias, taxa de natalidade, envelhecimento etc.
AMBIENTAIS	Poluição, seca, inundações, desmatamento etc.
SOCIAIS	Economia, negócios, produtividade, política, costumes etc.

É importante que se perceba quais elementos impulsionaram a necessidade de mudanças e como elas estão sendo vistas pelos indivíduos envolvidos.

5.2 Resistências à mudança e o papel da liderança

Apesar de compreender os principais motivos que geram mudanças e entender que elas são um processo natural da vida, não é sempre que se está disposto a mudar ou a contentar-se com as alterações que elas provocam.

Geralmente, a resistência ocorre quando a percepção que se tem é a de que as alterações que acontecerão irão prejudicar o indivíduo alguma maneira, tirar ou diminuir algum tipo de benefício ou, ainda, irão contra as expectativas, necessidades ou motivações.

Também se pode resistir a uma mudança simplesmente por ela dar origem a inseguranças, ou forçar a saída de uma situação cômoda, conhecida e familiar, ou seja, a saída da famosa "zona de conforto".

Muitas vezes, a mudança é vista como algo ameaçador, que trará alterações nas situações conhecidas e as quais se está acostumado e, ainda, que podem tirar o controle sobre determinada situação. Portanto, é natural que as pessoas tenham medo, evitem ou até mesmo sejam contra ela.

Uma organização, quando pretende promover algum tipo de mudança, deve estar preparada para enfrentar esses sentimentos de medo, desconfiança e até mesmo de revolta. Procurar compreender o que a mudança está provocando nas emoções e nas expectativas das pessoas é o primeiro passo.

As lideranças possuem um papel significativo em qualquer processo de transformação. São elas que as conduzirão, orientando as pessoas, sanando possíveis dúvidas, mostrando novos caminhos e oportunidades e, principalmente, acalmando ânimos e desfazendo boatos.

Para que isso ocorra, o líder também deve se preparar para participar das transformações que acontecerão. Buscar informações, avaliar cenários e consequências, conversar com quem será afetado e transmitir otimismo são alguns dos requisitos para que o líder inspire confiança nesse momento.

//// AMPLIE SEUS CONHECIMENTOS

[...]

Em uma visão clássica, os papéis do gestor compreendem:

Planejar

Definição de metas para a organização – ou para um determinado setor da empresa –, delineando os caminhos, os prazos e os recursos necessários para atingir tais metas.

Organizar

Estruturação da empresa ou de um setor da organização, com definição clara das tarefas a serem executadas e das atribuições dos empregados.

Dirigir

Comunicação com os empregados, motivação dos subordinados e resolução de conflitos.

Controlar

Monitoramento das atividades da empresa – ou das atividades de um setor da organização –, verificando se estão de acordo com o estabelecido no planejamento. o monitoramento também permite a correção de desvios quanto ao já estipulado.

[...]

ROBBINS, S. *et al*. Comportamento organizacional. São Paulo: Pearson Prentice Hall, 2010. In: JOHANN, S. **Comportamento organizacional:** teoria e prática. São Paulo: Saraiva, 2013. p. 5.

5.3 Resiliência

Originalmente, o termo **resiliência** era utilizado pela física para denominar a propriedade que alguns corpos possuem de conseguirem retornar à forma original após serem submetidos à deformação elástica. Nos últimos anos, essa expressão tem sido emprestada pela Psicologia e pela Administração para designar características psicológicas e comportamentais frente às situações de mudança.

Nessa nova perspectiva, resiliência também pode ser entendida como a capacidade que as pessoas possuem para superar problemas e resistir a pressões, estresses e situações traumáticas.

Algumas características psicológicas podem ajudar algumas pessoas serem mais resilientes do que outras, porém, não se pode afirmar que a resiliência seja um traço de personalidade, pois alguns estudos demonstram que essa capacidade pode ser aprendida ou desenvolvida.

A capacidade de adaptar-se, moldar-se e, até mesmo, transformar-se diante de mudanças revela aspectos psicológicos característicos, mas também pode advir de experiências moldadas pela interação com familiares, amigos, colegas de trabalho e de outros grupos sociais.

É interessante notar que a resiliência pode variar de acordo com o ambiente ou situação, momento da vida e, até mesmo, de acordo com a idade.

EXEMPLO

Existem pessoas que se mostram mais tolerantes e demonstram facilidade para se adaptar às mudanças em situações do trabalho, mas que não apresentam a mesma facilidade (ou disponibilidade) no ambiente familiar.

Especialistas recomendam as seguintes atitudes para quem pretende melhorar a sua resiliência: manter uma atitude positiva, procurar informações sobre a mudança, buscar alguém para orientação e aconselhamento, aceitar que algumas mudanças são necessárias ou inevitáveis, cuidar da saúde e do emocional, ser proativo, buscar se antecipar às mudanças, aprender com os próprios erros e abraçar as oportunidades que podem surgir.

5.4 Gerenciamento das mudanças

As organizações têm se preocupado cada vez mais em gerenciar a condução do processo de mudanças. O objetivo é alcançar a aceitação por parte dos membros envolvidos, prever e evitar possíveis erros, resistências e comportamentos de sabotagem, além de procurar antecipar possíveis adaptações que serão necessárias para que a transformação se concretize e aconteça conforme os objetivos iniciais.

Existem alguns tipos de mudança que são mais comuns nas organizações (Tabela 5.2).

Tabela 5.2 - Tipos de mudanças

ESTRUTURAIS	Correspondem às alterações na hierarquia da organização, na forma de conduzir os processos ou a produção.
TECNOLÓGICAS	Dizem respeito à maneira como a empresa presta seus serviços ou realiza sua produção. Essas alterações são ocasionadas por novas metodologias, equipamentos ou matéria-prima.
NOS PRODUTOS	Os clientes, concorrentes, a tecnologia e até mesmo a economia podem impulsionar a necessidade de novos produtos ou serviços que atendam a novas demandas ou criem novos nichos.
CULTURAIS	São as transformações decorrentes de mudanças nos valores e crenças da organização.

As principais etapas que envolvem a gestão de mudança são:

a. definir metas reais e alcançáveis que se esperam após as mudanças;

b. estabelecer estratégias, prazos e métodos mais adequados;

c. comunicar de forma clara e franca os envolvidos sobre os aspectos da mudança;

d. treinar e capacitar os envolvidos com o processo de mudança;

e. detalhar como deve ser feita a mudança;

f. manter acompanhamento constante durante o processo;

g. fazer avaliações periódicas para evitar erros e promover ajustes;

h. promover discussões para acalmar, aconselhar e ouvir as pessoas;

i. documentar a experiência da mudança para consultas futuras.

5.5 Liderança

O termo **liderança** é um dos assuntos mais estudados, debatidos e divulgados em livros, cursos e teses de Administração de Empresas e Gerenciamento de Pessoas. Essa atenção cada vez maior ao assunto deve-se à preocupação que as organizações vêm demonstrando em relação à maneira como seus líderes conduzem as equipes aos objetivos propostos.

Tem ficado cada vez mais claro para as organizações que, além da inovação dos produtos e serviços e da capacidade tecnológica, o que ajuda a diferenciar uma organização de outra é a qualidade das pessoas que nela atuam.

Para se obter melhores resultados por meio das pessoas, é necessário que o colaborador se sinta satisfeito com o seu trabalho, tenha um bom relacionamento no ambiente e encontre condições para utilizar suas capacidades.

5.5.1 Liderança, suas atribuições e características

O termo **liderança** refere-se à capacidade de comandar pessoas e de influenciá-las de maneira persuasiva e positiva.

Entre as principais funções do líder estão a tomada de decisões, a capacidade de motivar e influenciar pessoas, a capacidade de construir relações e de obter e disseminar informações.

A questão da tomada de decisões será analisada mais profundamente no Capítulo 6. Por enquanto, é importante lembrar que essa capacidade se faz necessária para que se possa planejar e organizar tarefas, delegar responsabilidades, envolver pessoas na tomada de certas decisões e solucionar problemas.

Influenciar pessoas está relacionado à necessidade de motivar os indivíduos, saber reconhecer, apreciar e elogiar esforços, além de saber recompensar e conseguir inspirar as pessoas.

A capacidade de construir relações está ligada ao fato de que o líder deve saber apoiar, ouvir e ajudar. Espera-se também que ele saiba gerir conflitos que possam surgir, bem como construir um espírito de equipe.

Deve, ainda, ser capaz de saber desenvolver sua equipe e, por fim, manter uma rede de apoio, informações e relacionamentos.

Saber obter e disseminar informações significa que o líder deve se comunicar de maneira clara e persuasiva, conseguir monitorar de maneira eficiente as informações e os resultados, além de analisar tendências e fazer projeções.

Entre as principais características dos líderes que têm se destacado mundialmente, alguns itens que aparecem com frequência nessa lista são: não ter medo de se expor e arriscar; ter foco em resultados e na solução de problemas; saber agir de forma justa e equilibrada; ser proativo e curioso; possuir uma comunicação eficaz; ter empatia; e admitir os erros.

5.5.2 Estilos de liderança

Há muito tempo o exercício da liderança tem sido importante para o desenvolvimento da humanidade. Muito antes de o assunto tornar-se tema de estudo da Administração, Psicologia e de outras ciências sociais, saber liderar já era uma preocupação de governantes, militares, políticos e diversos outros personagens da sociedade.

Entre as muitas maneiras de classificar os diferentes modos de liderar, destaca-se a análise que é feita a partir da percepção sobre como o líder toma suas decisões, organiza as tarefas e se relaciona com seus comandados.

Tabela 5.3 - Classificação de líderes

AUTOCRÁTICO	Tem como principal característica o centralismo de suas decisões, ou seja, com base na crença de que "sabe tudo", torna-se centralizador e autoritário.
DEMOCRÁTICO	Demonstra ser justo e realista. Conhece bem o grupo e sabe reconhecer as próprias dificuldades. Faz o grupo participar das decisões, sabe utilizar a empatia e é um bom ouvinte. Consegue delegar bem as tarefas, porém, pode demorar demais para tomar decisões ou perceber oportunidades.
LIBERAL	Confia tanto no grupo que deixa quase tudo para a decisão da equipe. Essa característica pode ser tanto uma vantagem quanto um risco, pois esse comportamento "distante" pode motivar o grupo e criar mais responsabilidades, mas também ser entendido como uma liderança fraca que não apoia os membros do grupo que enfrentam dificuldades.

Estudiosos do tema costumam afirmar que o melhor líder é aquele que consegue adaptar seu estilo de atuação ao momento, às características e às necessidades do grupo. Portanto, um grupo imaturo ou inseguro demanda um tipo de atenção diferente do necessário para um grupo mais maduro e confiante.

5.5.3 Liderança na prática

Os três tipos de liderança se diferem na atuação prática cotidiana:

a. **Tomada de decisões:** para o líder autocrático, não existe ninguém melhor do que ele para decidir o que deve ser feito e como deve ser feito, então, ele decide tudo sozinho, sem consultar o grupo. O líder democrático estimula o grupo a decidir conjuntamente as tarefas e como elas serão realizadas;

o papel do líder nesse estilo de liderança é motivar, orientar e tirar dúvidas. Para o líder liberal, as decisões devem ser tomadas pelo grupo com a menor participação possível dele.

b. **Divisão do trabalho:** o grupo que possui um líder democrático tem como característica o hábito de decidir como as tarefas serão realizadas. Ele apoia e orienta caso o grupo precise. Para o líder autocrático, as tarefas devem ser decididas apenas por ele. É ele quem decide o que deve ser feito, quem executará as tarefas e como elas devem ser feitas. Os grupos que trabalham sob uma liderança liberal têm total liberdade para discutir as tarefas e como elas serão executadas. Cabe ao líder liberal sanar dúvidas.

c. **Participação do líder:** a principal característica da participação do líder autocrático é o envolvimento pessoal em praticamente tudo: das decisões à execução de tarefas, passando ao acompanhamento dos membros do grupo. Já o líder democrático muitas vezes se porta como se fosse um membro comum do grupo, prefere incentivar a participação dos seus colaboradores, ajudá-los, motivá-los e orientá-los sempre que for necessário. Em contrapartida, o líder liberal possui uma participação mínima no cotidiano do grupo, envolve-se apenas quando lhe é solicitado.

Liderança não é uma capacidade inata e hereditária; todos podem aprender a liderar e desenvolver as habilidades necessárias para ser um bom líder. Mesmo um líder autocrático pode, se quiser, mudar sua forma de atuação e para se adequar às necessidades do grupo.

5.5.4 Outras abordagens sobre liderança

Como visto anteriormente, o tema liderança é um dos mais estudados em diversas ciências. Incontáveis pesquisas foram realizadas, teses desenvolvidas e livros escritos na tentativa de entender como se dá o comportamento de liderança e sua influência sobre as pessoas.

Por meio desses estudos, foram propostas novas abordagens que procuram explicar as diferentes formas de liderar e suas consequências (Tabela 5.4).

Tabela 5.4 - Formas de liderar

COERCITIVO	Exigem obediência cega e imediata às suas ordens. Não toleram questionamentos quanto às suas decisões e costumam utilizar ameaças para impor suas vontades.
CONFIÁVEL	Inspiram confiança nas pessoas e, com isso, conseguem mobilizá-las para realizar os objetivos propostos. Utilizam a empatia para conhecer e motivar as pessoas.
AGREGADOR	Ideais para situações em que as pessoas precisam ser integradas, pois são habilidosos em criar vínculos, relações de confiança e um ambiente colaborativo.
AGRESSIVO	Altamente competentes e competitivos. Isso faz com que tenham expectativas altíssimas sobre o desempenho de seus comandados, o que pode tanto estimular como desmotivar o grupo.
CONSELHEIRO	Sempre preocupado em desenvolver os seus comandados, é disponível para aconselhar, orientar e treinar o grupo visando futuro.
SERVIDOR	Mais preocupado com o desempenho do grupo do que com o próprio sucesso. Ele sabe conquistar confiança e extrair o melhor das capacidades de cada membro. Para isso, ele procura conhecer cada indivíduo a fim de ajudá-lo a alcançar o máximo de seu potencial.

5.6 Trabalho em equipe

O trabalho é cada vez mais o resultado de uma ação coletiva. São raros os casos de trabalhadores que podem afirmar que atuam sozinhos sem depender de outras pessoas para obter sucesso.

Saber trabalhar em conjunto é uma exigência cada vez mais comum nos diversos ramos de atividade econômica. Profissionais que sabem trabalhar bem com outros indivíduos são valorizados pelos seus pares e bem vistos pelas organizações.

Já o contrário, ou seja, a dificuldade de trabalhar em conjunto, pode levar a sérios prejuízos, tanto para a carreira do profissional quanto também para os resultados da organização.

O bom líder é aquele que, além de saber atuar com eficiência, consegue influenciar seus liderados para que desenvolvam um espírito de cooperação e parceria, ajudem-se mutuamente e exerçam suas atividades de maneira eficiente. O bom líder é aquele que consegue transformar grupos em verdadeiras equipes.

//// AMPLIE SEUS CONHECIMENTOS

"[...] O trabalho em equipe possibilita a troca de conhecimento e agilidade no cumprimento de metas e objetivos compartilhados [...]"

Saiba mais em: <https://www.significados.com.br/trabalho-em-equipe/>. Acesso em: 8 fev. 2020.

5.6.1 Definições de grupos e equipes

É muito comum encontrar confusões em relação aos termos grupo e equipe. Infelizmente, é comum que se refiram a essas duas formas de associação como se ambas fossem a mesma coisa. Ambos os termos significam associações de pessoas, porém com características diferentes e que costumam obter resultados diferenciados.

Grupo é frequentemente definido como um agrupamento de pessoas que estão próximas umas das outras e que interagem para realizar algumas tarefas em conjunto.

Já o termo **equipe** é definido por muitos estudiosos como uma evolução do conceito de grupo. Ou seja, uma equipe seria o resultado bem-sucedido do esforço de um grupo em ser melhor.

Define-se equipe como um conjunto de indivíduos aplicados em realizar uma mesma tarefa. Algumas das principais características que diferenciam uma equipe de um grupo são as habilidades que cada indivíduo possui e que complementam as dos demais. Algumas delas são: comunicação clara, franca e assertiva; confiança uns nos outros; e compromisso com os propósitos da equipe e esforço coletivo para atingir o mais alto desempenho nas atividades.

Enquanto o grupo também pode representar pessoas que estão atuando em conjunto, nem sempre se pode afirmar que elas estejam dando o melhor de si em prol do grupo. É comum observar pessoas que apenas estão juntas em uma atividade.

As equipes organizacionais possuem características diferentes de grupos. Elas conseguem melhores desempenhos em função da satisfação que seus membros encontram em seu trabalho e na relação com seus colegas, resultando em maior envolvimento e dedicação em favor do sucesso profissional.

Figura 5.1 - Exemplos de grupos são: uma associação de profissionais, um partido político, um grupo religioso, um grupo de amigos, os alunos de uma escola etc.

5.6.2 Como se formam os grupos e as equipes

As pessoas se reúnem por diferentes motivos, como trabalho, amizade, esportes, religião e estudos. Porém, um dos principais motivos que faz com que esses agrupamentos tenham sucesso ou não em seus objetivos diz respeito à maneira como as pessoas se relacionam e se apoiam.

Mesmo em associações de pessoas com os motivos mais nobres, é possível que os resultados sejam decepcionantes, dependendo de como as pessoas se relacionam.

A seguir estão listados os principais motivos que levam as pessoas a criar vínculos, formar amizades e, com isso, desenvolver um verdadeiro espírito de equipe:

a. **Proximidade:** distância entre as pessoas. Quanto mais perto elas estiverem, maior é a chance do desenvolvimento de relações de amizade reais, intimidade e parceria.

b. **Semelhanças:** afinidades criadas por pessoas que pensam de maneira semelhante, ou seja, há mais facilidade em aceitar as ideias daqueles que compartilham os mesmos valores.

c. **Complementariedade:** aproximação que ocorre entre indivíduos que têm características diferentes, porém que se complementam para a realização de determinada tarefa.

d. **Reciprocidade:** afinidade que se desenvolve por aqueles que pensam de maneira parecida, o afeto que se cria por aqueles que demonstram carinho.

5.6.3 Tipos de grupos e equipes

Existem algumas maneiras de se classificar a organização e o funcionamento dos grupos:

a. **Grupos primários × secundários:** os grupos primários são aqueles formados a partir de relações interpessoais diretas; já os grupos secundários são formados por meio da organização de tarefas.

b. **Grupos formais × informais:** nos grupos formais, percebe-se facilmente o estabelecimento de metas claras e costumam ser divididos em formações explícitas, como departamentos, seções etc. Os grupos informais surgem a partir da interação das pessoas, como grupos de vizinhos ou de colegas de escola.

c. **Grupos homogêneos × heterogêneos:** enquanto nos grupos homogêneos há muitas semelhanças entre seus membros, os grupos heterogêneos são caracterizados por reunir pessoas com características diferentes.

d. **Grupos permanentes × temporários:** os grupos permanentes são aqueles que continuam existindo mesmo depois que as tarefas são cumpridas, ou seja, ao finalizar um objetivo, o grupo parte para outro. Já os grupos temporários se desintegram após a tarefa ser finalizada e o objetivo alcançado.

e. **Grupos nominais × interativos:** os grupos interativos possuem um alto grau de envolvimento entre seus membros e isso ocorre de maneira direta e constante. Os grupos nominais não possuem muita interação entre seus membros, e, quando isso ocorre, é de maneira indireta.

É importante conhecer as diversas maneiras como os grupos se formam, organizam e interagem para que se possa perceber que circunstâncias podem interferir no desempenho do grupo.

A equipe é composta por pessoas que possuem os mesmos objetivos. Seus resultados costumam ser maiores e melhores do que o desempenho de um grupo.

A diferença está no desempenho do trabalho. No grupo, o indivíduo atua isoladamente; na equipe, o trabalho é coletivo. No grupo, a experiência e os conhecimentos, geralmente, são iguais ou parecidos. Na equipe, as formações e as experiências são diferentes. Tais diferenças complementam e trazem ideias e soluções inovadoras para o ambiente organizacional.

No grupo, existe pouca colaboração entre os membros, porque as metas são individuais. Na equipe, os membros devem se auxiliar para alcançar as metas. A divisão de funções e responsabilidades consiste em outra importante diferença entre grupos e equipes. Os grupos são caracterizados por possuírem várias divisões, como chefes, líderes e coordenadores, enquanto nas equipes existem menos divisões de "poder". Dentro da equipe, as pessoas dividem mais as responsabilidades e direcionam-se a poucos líderes, que, em vez de supervisão, exercem mais o trabalho de orientação e apoio para a execução de tarefas.

A formação de uma equipe depende da habilidade do líder de, gradualmente, transformar um grupo em uma equipe. Para isso, ele deve conhecer seus membros, desenvolver suas habilidades, orientar o desempenho deles e estimular a cooperação e o apoio entre eles.

5.6.4 Desenvolvimento e normatização dos grupos

O estudo sobre grupos demonstra que eles se desenvolvem em cinco etapas:

a. Formação: consiste nos momentos nos quais os membros se reúnem, se conhecem e descobrem o que irão desenvolver/executar;.

b. Erupção: são os momentos nos quais a interação de personalidades diferentes gera os primeiros conflitos e percebem-se as primeiras resistências.

c. Normatização: trata-se da formalização das normas que servem para diminuir conflitos, organizar processos e criar coesão nas expectativas, atitudes e relações interpessoais.

d. Realização: significa "partir para a ação". É quando o grupo dirige atenção, talentos e esforços para mostrar seu desempenho e atingir os objetivos propostos.

e. Socialização: acontece à medida em que os membros interagem e, também, sempre que um membro novo é adicionado ao grupo. A socialização serve para disseminar normas, crenças e expectativas do grupo, mas também é útil para a integração do grupo.

A normatização é fundamental para a organização, pois é por meio dela que se criam os padrões de ações, processos e definem-se o tipo desempenho e comportamento esperados (e exigidos) dos membros do grupo.

Tabela 5.5 - Características das normas

FORMAIS	Geralmente são escritas e amplamente divulgadas.
INFORMAIS	São aquelas que não são escritas, mas são conhecidas.
EXPLÍCITAS	Trata-se das normas que estão divulgadas e são conhecidas.
IMPLÍCITAS	São aquelas que só conhece após observar como se comportam as outras pessoas. Não são ditas, porém são exigidas.
FUNDAMENTAIS	São as regras muito importantes para o grupo.
PERIFÉRICAS	Não são tão valiosas para o grupo, ou seja, quando um de seus membros não as cumprem, ele não é punido de maneira severa.

5.7 Negociação

Mesmo sem perceber, cada um utiliza a capacidade de negociar o tempo todo. Ao contrário do que o senso comum prega, negociação não é uma habilidade restrita a comerciantes, vendedores, políticos e outros profissionais que têm o ato de negociar como uma de suas principais atribuições. No cotidiano, é preciso negociar diversas situações, seja para conseguir renegociar prazos, conquistar benefícios, encerrar conflitos ou até mesmo evitar prejuízos.

No mercado de trabalho, o profissional que sabe negociar é bem visto e valorizado nas organizações. Além das áreas tradicionais como compras, comercial, atendimento e marketing, saber negociar é um fator determinante para o sucesso nas mais variadas atividades e acaba se tornando um diferencial quando o profissional busca uma nova colocação.

Negociar é uma habilidade que pode ser aprendida, desenvolvida e aperfeiçoada. Os grandes negociadores afirmam que o estudo e a prática são capazes de tornar qualquer pessoa um bom negociador. Basta interesse em continuar aprendendo, determinação para treinar sempre e, também, uma consciência que leve a uma auto-observação constante.

5.7.1 Conceitos básicos e elementos fundamentais da negociação

Uma pesquisa rápida nos dicionários e você encontrará definições bem objetivas sobre o ato de negociar. De maneira geral, os dicionários afirmam que negociar é o ato que envolve uma transação comercial ou um acordo. Pode-se afirmar também que negociar é um processo dinâmico, que envolve duas ou mais pessoas, além da discussão de ideias para chegar a acordos ou tomadas de decisões.

Negociar é tão importante e tão antigo na história da humanidade que existem registros de negociações em alguns relatos bíblicos. Utiliza-se dela para praticamente tudo: profissionalmente, na compra e venda de produtos/serviços, questões jurídicas, acordos familiares etc.

Para que a negociação ocorra e seja eficiente, existem quatro elementos que devem ser de conhecimento dos negociadores:

a. **Legitimidade:** quem participa da negociação precisa perceber que tudo está ocorrendo de maneira justa, de maneira ética e honesta.

b. **Informação:** é importante possuir informações verídicas e detalhadas sobre o que está sendo negociado, as condições propostas e os interesses dos participantes da negociação.

c. **Tempo:** saber negociar o tempo da negociação pode ser uma vantagem. Muitos negociadores utilizam o tempo como estímulo psicológico para chegar a um acordo. Apressar ou demorar para chegar a um acordo pode influenciar nas decisões da outra parte.

d. **Poder:** uma boa negociação ocorre quando os participantes possuem poder suficiente para oferecer descontos/vantagens, aceitar ou negar propostas e tomar as decisões necessárias para o fim da negociação ao concluir um acordo.

5.7.2 Etapas do processo de negociação

Grande parte do sucesso da negociação consiste na preparação antes dela. Toda negociação passa por algumas etapas até se dar por encerrada. Conhecer, entender e preparar-se para cada um desses momentos pode representar um diferencial decisivo na negociação.

É consenso entre os estudiosos do assunto que as principais fases que ocorrem durante um processo de negociação são: preparação, abertura, exploração dos objetivos e expectativas, apresentação de propostas, clarificação, ação final ou acordo e, finalmente, etapa de avaliação (Tabela 5.6).

76 PSICOLOGIA COMPORTAMENTAL

Tabela 5.6 - Fases da negociação

PREPARAÇÃO	Os participantes devem levantar informações para planejar como ocorrerá a negociação. É importante avaliar negociações anteriores, quais são as expectativas de ambas as partes e criar um plano de ação para a negociação.
ABERTURA	É o momento em que se inicia a negociação. Um bom negociador sabe que é importante estabelecer um clima de descontração e cordialidade. É o momento adequado também para que se definam os propósitos do encontro, sempre deixando claro o que será negociado e as vantagens para ambas as partes caso ocorra um acordo.
EXPLORAÇÃO DE OBJETIVOS E EXPECTATIVAS	É quando as partes iniciam um processo de procurar perceber as motivações e as necessidades do outro na negociação e inicia-se a busca por um entendimento.
APRESENTAÇÃO DE PROPOSTAS	São oferecidos argumentos, dados e cenários que deixem claro quais são as alternativas que estão em análise, sempre demonstrando soluções, benefícios e participações de ambas as partes em cada alternativa que esteja em discussão.
CLARIFICAÇÃO	É a etapa na qual as partes procuram esclarecer dúvidas, superar impasses, fazer algumas concessões e superar objeções.
ACORDO FINAL	É o momento em que se percebem sinais claros de aceitação da proposta e que se deve caminhar para o fechamento da negociação efetivando o ato por meio de um gesto de concordância, como assinatura de papéis ou pagamento de algum valor.
AVALIAÇÃO	Também chamada de etapa de controle, pois é nesse momento que o bom negociador se certificará, de que todos os detalhes foram acertados, documentos assinados e que as medidas necessárias para a implementação do acordo foram tomadas.

A etapa de avaliação também é importante para que o bom negociador faça uma avaliação do seu desempenho no processo de negociação. Deve-se analisar se os objetivos foram alcançados, como as objeções foram tratadas, como foram negociadas as concessões e que pontos deveriam ter recebido mais atenção. Nesse momento, o negociador consegue fazer uma avaliação sobre seu desempenho e preparar-se melhor para as próximas negociações.

Os melhores negociadores costumam mencionar que cada nova negociação é um processo totalmente novo e diferente, portanto, essas etapas não são apenas meras classificações, mas verdadeiras ferramentas que devem ser praticadas e aperfeiçoadas constantemente.

É importante lembrar da necessidade da empatia durante o processo de negociação. Bons negociadores, além de ser persuasivos, estabelecer ótimos vínculos interpessoais e destacar-se por saber ouvir a outra parte, colocam-se no lugar do outro, buscam entender as necessidades alheias e oferecem boas alternativas a ambos.

MUDANÇA ORGANIZACIONAL

5.7.3 Estilos de negociadores

As pessoas costumam se comportar de maneira diferente quando estão negociando. Após analisar as principais características apresentadas durante as negociações, alguns autores dividiram os estilos de negociadores em diferentes classes (Tabela 5.7).

Tabela 5.7 - Classificação de negociadores

ANALÍTICOS	São aquelas pessoas que costumam ser detalhistas no processo de negociação, gostam de dados, comparações, projeções e cenários futuros.
CONTROLADORES	Caracterizam-se por gostarem de negociações longas para que possam avaliar cuidadosamente todos os passos e preferem negociações nas quais se sintam no comando do processo. É objetivo e assertivo.
APOIADORES	São aqueles que valorizam muito as relações. Procuram utilizar as negociações para estabelecer vínculos e parcerias. Sempre buscam manter a harmonia e trabalhar em prol do consenso.
RESTRITIVOS	São considerados egoístas, pois sua postura é sempre de obter o máximo de vantagens possíveis, sem levar em consideração a outra parte.

Algumas dicas são válidas para se negociar com qualquer um desses estilos, entre elas, podem-se destacar:

a. procurar conhecer as características, necessidades, expectativas e possibilidades de concessão do interlocutor;

b. ser objetivo, claro e informar os detalhes para que ocorra o entendimento do que está sendo proposto;

c. não tentar ganhar a negociação pela emoção, não oferecer o que não se pode cumprir e sempre apresentar alternativas para favorecer o acordo;

d. demonstrar empatia, respeito e buscar um acordo bom para todos.

5.7.4 Estratégias e técnicas de negociação

Negociadores experientes costumam mencionar que, além da teoria, é importantíssima a prática para desenvolver e aperfeiçoar a capacidade de negociar. Ao observar os profissionais que se destacam na arte de negociar, algumas estratégias se destacam:

a. preparar-se física e emocionalmente para os processos de negociação, pois alguns podem ser longos, cansativos e desgastantes;

b. visualizar objetivos reais e possíveis de serem alcançados;

c. elaborar alternativas para que o acordo seja facilitado;

d. definir, antes da negociação, que pontos podem ser negociados e em quais condições, e quais são os limites para as concessões;

e. conhecer as necessidades e as expectativas dos envolvidos;

f. procurar relacionar pontos de interesse comum;

g. estabelecer prazos para que a negociação não se prolongue demais;

h. preparar-se para possíveis dúvidas, temores e objeções;

i. utilizar a empatia para demonstrar interesse e ouvir com atenção;

j. sempre buscar um entendimento harmonioso e agradável a todos;

k. mostrar disposição para encontrar caminhos para o acordo;

l. evitar pré-julgamentos, preconceitos ou desrespeito;

m. manter o equilíbrio emocional e a paciência;

n. praticar o raciocínio rápido, a análise de dados e o julgamento de fatos;

o. criar estratégias para superar possíveis impasses;

p. ser flexível para buscar alternativas novas e possíveis;

q. praticar a tolerância e a mediação de conflitos;

r. manter e promover visão otimista e positiva;

s. demonstrar interesse em acordos nos quais todos saiam satisfeitos;

t. estimular que a outra parte fale e demonstre suas opiniões;

u. demonstrar confiança na relação e no sucesso do acordo;

v. buscar estabelecer relacionamentos duradouros.

5.8 Mediação e resolução de conflitos

Os conflitos são parte natural das relações humanas. A partir do momento em que duas ou mais pessoas se reúnem, independentemente do objetivo, é possível que ocorram divergências de ideias e disputas por atenção, benefícios ou espaço.

> **LEMBRE-SE**
>
> Nunca se deve enxergar a negociação como um processo de disputa no qual alguém tem que vencer e o outro perder. A boa negociação é sempre satisfatória para todos os envolvidos.

Apesar de serem considerados naturais, os conflitos não precisam existir sempre. Nem todos eles são ruins e, na maioria das vezes, os conflitos são passíveis de solução.

Na interação com pessoas, podem existir situações de conflito e, ao contrário do que muitos imaginam, evitar ou ignorar um conflito não é a melhor maneira de resolvê-lo.

Será visto a seguir como os conflitos se configuram, suas principais características e que mecanismos podem ser utilizados para transformar divergências em oportunidades de entendimento e colaboração.

5.8.1 Conceituação e classificação de conflitos

Existem diversas maneiras para definir o termo **conflito**. Entre elas, podem-se destacar o resultado de duas ou mais situações que são excludentes e o desacordo entre opiniões, valores ou expectativas diferentes.

As motivações mais frequentes para a ocorrência de conflitos estão relacionadas à personalidade dos envolvidos, às diferenças de ideias e visões de mundo, às disputas por benefícios, para assegurar direitos/conquistas e até mesmo para preservar a integridade física ou espaços conquistados.

Tabela 5.8 - Classificações de conflitos

CONSTRUTIVOS	São aqueles que possibilitam a percepção de problemas que precisam ser resolvidos e até mesmo de oportunidades que possam estar passando despercebidas. Portanto, pode-se afirmar que esse tipo de conflito é benéfico para as pessoas.
DESTRUTIVOS	São as disputas que ocorrem de maneira hostil, em que cada parte busca apenas obter o máximo de vantagens sobre a outra. Esse tipo de conflito provoca diversos prejuízos, tanto para os relacionamentos quanto para a organização e o desempenho do grupo. Outras consequências são a desmotivação, a insatisfação, o distanciamento, a indiferença e até a sabotagem.

O líder tem papel decisivo na mediação de conflitos interpessoais, pois tem a possibilidade de enxergar a disputa de um ângulo maior, ou seja, pode perceber de maneira geral todos os aspectos que envolvem o conflito: origens, motivações, interesses, personalidades envolvidas e consequências da evolução do conflito ou do estabelecimento de um acordo que seja satisfatório. Cabe a ele orientar e agir de modo justo.

5.8.2 Conflitos nas relações de grupos e percepção de conflito

Como visto anteriormente, nas relações entre grupos também é possível a ocorrência de conflitos. Será analisado agora como se configuram as disputas entre grupos e como se pode agir para mediá-las.

Pode-se definir um conflito intergrupal como a ocorrência de discordância por parte de membros de dois ou mais grupos que disputam questões como recursos, territórios, poder etc.

Esses tipos de disputas podem ocorrer em qualquer tipo de organização, desde uma gangue de rua e até mesmo em um grupo maior e mais organizado, como um partido político, um sindicato, uma igreja ou um grupo esportivo.

Quanto à forma de se manifestar e de perceber a existência de um conflito, ou a sua iminência, pode-se verificar os seguintes níveis de manifestação (Tabela 5.9).

Tabela 5.9 - Manifestação de conflitos

LATENTES	São aqueles que dão sinais de que estão prestes a acontecer. As condições psicológicas presentes ou fatos importantes que ocorreram podem indicar o que está para ocorrer.
PERCEBIDOS	São aqueles cujas evidências demonstram que o conflito já está acontecendo de maneira explícita ou de uma forma disfarçada.
SENTIDO	É quando uma das partes envolvidas percebe que está sendo agredida e procura defender-se, seja de maneira hostil ou procurando se preservar.

5.8.3 Gestão ou administração de conflitos

Diante das inúmeras tarefas e responsabilidades diárias, talvez um gerente em início de carreira possa se questionar sobre os motivos pelos quais ele deveria preocupar-se em gerenciar conflitos.

Primeiramente, é importante lembrar o que se viu anteriormente sobre o fato de que os conflitos são naturais das relações humanas. Eles continuarão sempre existindo. Portanto, não monitorar e não procurar mediar os conflitos pode, em vez de resolvê-los, transformá-los em problemas mais complexos.

Uma situação de conflito, contudo, pode representar uma oportunidade para verificar situações que precisam ser melhoradas, problemas que ficaram escondidos e, até mesmo, oportunidades de desenvolvimento, sejam das pessoas ou das atividades da organização.

Os inúmeros estudos realizados por diferentes campos das ciências sociais contribuíram para o surgimento de estratégias para lidar com situações conflitantes de maneira isenta e eficaz. A essas estratégias dá-se o nome de gestão ou administração de conflitos.

Entre as principais estratégias para se administrar os conflitos estão:

a. identificar motivações, condições e personagens que geram o conflito;

b. elencar pontos de interesses comuns que facilitem um acordo;

c. promover a compreensão mútua demonstrando os pontos de vista;

d. procurar expandir a discussão para as consequências do embate;

e. criar cenários alternativos que contemplem as opções viáveis;

f. promover o sentimento de empatia e reestabelecimento da confiança;

g. utilizar comunicação franca, direta e objetiva;

h. manter as expectativas em um estado de otimismo quanto à solução;

i. propor que as partes façam sugestões que levem a um acordo;

j. estabelecer critérios e medidas justas para a solução da disputa;

k. definir metas, prazos e alternativas cabíveis, justas e possíveis.

5.8.4 Mediação de conflitos

Existem diferentes maneiras de lidar com situações de conflitos. Alguns indivíduos preferem negar ou ignorar a existência da situação. Outros partem para a disputa, procurando vencer o adversário. Ambas as estratégias costumam ser prejudiciais para as relações e os resultados. Uma maneira inteligente e eficiente de solucionar conflitos é por meio da busca do entendimento e da unificação das partes, ou seja, a mediação do conflito.

Mediar um conflito significa intervir de maneira justa e isenta em uma disputa, de modo a levar as partes conflituosas a buscar um entendimento que seja satisfatório para ambas.

As técnicas de mediação de conflitos são eficientes e aperfeiçoaram-se tanto nos últimos anos, sendo cada vez maior o número de organizações que fazem uso da mediação para solucionar disputas. De escolas a empresas, passando por presídios e tribunais de justiça, são inúmeros os exemplos das aplicações da mediação para resolver situação de conflito.

É importante destacar que a mediação só é possível pela participação de um terceiro elemento que seja isento, ou seja, não tenha interesses envolvidos na disputa e que fará o papel de intermediário na negociação, procurando aproximar as partes, oferecendo alternativas e sempre se balizando por análises justas e equilibradas.

Para Bush e Folger (2005), o processo de mediação pode ocorrer por meio de algumas etapas:

a. **Definição do contexto** para identificar os detalhes do problema.

b. **Exploração da situação** e possibilidades de acordos.

c. **Deliberação de critérios**, condições e detalhes das alternativas.

d. **Exploração de possibilidades** e suas consequências.

e. **Tomada de decisões** para o fechamento do acordo.

5.9 Comportamentos inadequados no trabalho

O ambiente de trabalho é composto pelas interações de pessoas de diferentes origens, valores, personalidades, expectativas e necessidades. Ao mesmo tempo em que essas relações podem oferecer a possibilidade de aprendizados, trocas de experiências e crescimento emocional, também podem representar situações degradantes em virtude de comportamentos hostis, comentários maldosos e atos de assédio moral.

Comportamentos inadequados no ambiente de trabalho trazem diversos prejuízos tanto aos envolvidos quanto à organização. Ambientes que toleram ou até mesmo incentivam esse tipo de comportamento costumam apresentar grandes índices de insatisfação, diminuição da produtividade, aumento das reclamações por parte dos clientes e processos judiciais.

Para quem sofre com esse tipo de situação, as consequências podem ser ainda piores: afastamentos por motivos como estresse, depressão e síndrome do pânico são comuns em organizações que ignoram isso.

FIQUE DE OLHO!

O comportamento adequado deve ser embasado no bom senso do profissional. Educação e respeito são essenciais para o convívio no ambiente organizacional.

5.9.1 Fofocas e boatos

Na maioria das vezes, fofocas e boatos são tratados apenas como pequenos comentários maldosos, mas, na verdade, a fofoca é um tipo de atitude negativa que pode trazer graves prejuízos, tanto para a empresa quanto para os relacionamentos.

Situações não faltam para alimentar olhares e novas fofocas no ambiente de trabalho: o novo colega que acaba de chegar, os rumores sobre possíveis demissões, o casal que está começando a se relacionar, o desempenho de determinado colega, entre muitos outros assuntos que são combustíveis para comentários negativos.

Observar e comentar a vida alheia é um tipo de comportamento comum encontrado em todos tipos de cultura e em diferentes épocas. Portanto, achar que seja possível erradicar esse tipo de comportamento do ambiente de trabalho é ilusório. O que pode e deve ser feito é monitorar e orientar as pessoas quanto às consequências desse tipo de comportamento.

Para quem não quer se ver envolvido em situações que podem prejudicar a sua credibilidade no trabalho, especialistas em RH recomendam que a pessoa evite ao máximo participar dessas situações e nunca promovam a disseminação de comentários negativos.

Quem ocupa posição de liderança também deve ter uma atenção maior para lidar com esse tipo de assunto. Tanto fofocas quanto boatos podem diminuir a motivação da equipe, criar problemas graves de relacionamento e, em situações, mais graves até parar na Justiça.

Para conseguir evitar ou neutralizar esses tipos de comportamento, o líder deve manter uma comunicação franca e direta com seus comandados, estimular o clima de colaboração e parceria, não disfarçar ou esconder notícias ruins, identificar a origem dos rumores/boatos, orientar quanto aos perigos desse tipo de comportamento e, por fim, sempre demonstrar que esse tipo de conduta não é aceitável na empresa.

5.9.2 Agressividade

Manifestação de comportamento hostil, ainda que velada, sempre existe. No ambiente de trabalho isso não é diferente. As interações diárias, pressões cada vez maiores e personalidades diferentes podem gerar eventos esporádicos ou situações de agressividade recorrente.

A agressividade dentro da empresa pode ser resultado do ambiente ou personalidade das pessoas envolvidas. Questões como estilo de gestão e liderança adotados, relações interpessoais e até referentes ao momento que a empresa vive podem impulsionar momentos de tensão e até de hostilidade.

Outro fator determinante para a ocorrência de eventos hostis é a personalidade de algumas pessoas que, por costume, arrogância ou até mesmo distúrbios psicológicos, têm por hábito maltratar, desprezar, manipular e ofender as pessoas com quem convivem.

Vivenciar situações de hostilidade ou ter de conviver com colegas ou chefes agressivos, além de não ser nada agradável, podem comprometer o desempenho e a moral da equipe.

Quando o trabalhador passa por esse tipo de situação, algumas ações podem ser suficientes para evitar ou eliminar esses comportamentos, como: manter a calma e nunca revidar; deixar claro que não gosta nem concorda com esse tipo de postura; ou procurar apoio e orientação de chefes ou do RH.

Os gestores também devem estar atentos para identificar esse tipo de comportamento antes que isso prejudique a empresa e os relacionamentos. Além de deixar claro que essa postura não é aceita na equipe, outra medida que o líder deve tomar é, antes de aplicar sanções ao indivíduo agressivo, mostrar-se aberto a ajudar caso perceba que o tal indivíduo enfrenta dificuldades para se relacionar ou para expressar suas emoções e seus sentimentos.

Quando as pessoas estão dispostas a se ajudar e apoiar, os desafios tendem a ser superados de maneira mais tranquila e amigável.

5.9.3 Mentiras

Mentir é um comportamento humano mais comum do que se imagina. As pessoas costumam mentir por diversos motivos, como evitar situações embaraçosas ou não magoar/frustrar pessoas queridas.

Alguns estudiosos afirmam que as pessoas costumam mentir mais no ambiente de trabalho do que na própria casa. Entre os assuntos que mais geram mentiras no trabalho, estão atrasos na entrega de tarefas, metas não cumpridas e expectativas que não se pode atender.

Ao se comparar como homens e mulheres mentem, as pesquisas têm demonstrado que não há diferença de gênero quanto à frequência de mentiras. Enquanto as mulheres costumam mentir mais em relação a fatos da vida, os homens costumam exagerar em relação ao seu desempenho.

Um aspecto que gera discordância entre os estudiosos do assunto é quanto à necessidade ou não de mentir. Enquanto alguns afirmam que a mentira não tem finalidade positiva e deve ser abolida, para outros a mentira tem um papel nas relações sociais. Para esses últimos, a mentira pode ajudar o convívio social na medida em que as pessoas frequentemente utilizam-se de pequenas mentiras para preservarem as relações.

Mentiras no ambiente de trabalho podem se mostrar inocentes ou resultarem perda de clientes, prejuízos financeiros e deterioração nos relacionamentos.

Ao lidar com esse tipo de comportamento, o líder deve ter em mente as seguintes percepções:

a. A pessoa costuma mentir frequentemente ou foi um caso isolado?

b. Que motivações levaram a pessoa a mentir?

c. Quais são as implicações e os desdobramentos desse comportamento?

d. Quem está envolvido? Por que participaram da mentira?

e. O que pode ser feito para que isso não se repita?

5.9.4 Deslealdade no ambiente de trabalho

Uma das maiores reclamações que as pessoas costumam citar sobre o que prejudica o ambiente profissional é a percepção da existência de deslealdade entre os colegas de empresa.

Entre as atitudes mais comuns que demonstram esse tipo de comportamento estão: sonegar informações importantes para a execução do trabalho, não avisar de situação relevantes, fazer comentários maldosos e até criar situações que prejudiquem a imagem ou o desempenho dos colegas. Esse tipo de comportamento nocivo às relações também tende a gerar um ciclo de revanches, hostilidades e negatividade no trabalho.

Para que seja retomada a confiança entre os colegas e se possa restabelecer os vínculos de integração e coleguismo, é necessário que os líderes estejam atentos aos sinais de rivalidade e dispostos a criar estratégias que facilitem a comunicação franca e a cooperação entre os colegas de trabalho.

Infelizmente, ainda existem muitos chefes que acreditam que, para o sucesso da organização, é necessário incentivar a rivalidade entre os componentes do grupo. Este tipo de estratégia, muitas vezes, traz resultados rápidos a curto prazo, mas, ao longo do tempo, os resultados tendem a ser negativos na medida em que a competição sem ética destrói os relacionamentos, gera comportamentos duvidosos e afasta bons profissionais.

A deslealdade costuma ocorrer em três tipos de situações: deslealdade não intencional, quando a pessoa faz algo sem pensar ou perceber; deslealdade premeditada, quando alguém se aproxima de uma pessoa para para tirar proveito dela; e deslealdade oportunista, quando se trai alguém com quem não se tem nenhum tipo de vínculo, apenas interesse em obter vantagens.

A primeira coisa que o líder deve fazer para lidar com essas situações é observar quando e por qual motivo acontecem esses comportamentos. Em seguida, deixar claro as regras da empresa e, por fim, orientar e apoiar os envolvidos.

///// VAMOS RECAPITULAR?

Neste capítulo, abordamos a resiliência, a liderança e o trabalho em equipe. Também vimos os elementos fundamentais da negociação, a mediação de conflitos e a deslealdade no ambiente organizacional.

AGORA É COM VOCÊ!

1. Dizer que um profissional possui capacidade de resiliência indica que ele:

   a. é capaz de superar problemas e resistir a pressões, estresses e situações traumáticas.

   b. esse profissional possui a habilidade de resistir a situações de inveja e desconfiança de maneira descontraída.

   c. é visto pelos demais como alguém firme, obstinado e, muitas vezes, até irredutível.

   d. possui a aptidão de superar expectativas apresentando resultados extraordinários.

   e. é capaz de enfrentar variações de temperatura sem se deixar abater ou se desmotivar.

2. O líder democrático diferencia-se dos demais estilos de liderança na forma de participar das decisões do grupo. Como isso é realizado?

   a. O líder define quais são os critérios, as metodologias e as posturas que o grupo deve adotar.

   b. O líder coordena as ações do grupo, mostrando o que as pessoas devem fazer e como as tarefas devem ser executadas.

   c. O líder orienta os membros do grupo a participar apenas da execução das tarefas, deixando as decisões a cargo de suas deliberações.

   d. O líder incentiva a competição de ideias, a disputa de desempenhos e espera que, dessa maneira, o grupo atinja os objetivos estabelecidos.

   e. O líder estimula o grupo a decidir conjuntamente as tarefas e como elas serão realizadas. O papel do líder nesse estilo de liderança é motivar, orientar e tirar dúvidas.

3. Quais são os quatro principais elementos que compõem o processo de negociação?

   a. Legitimidade, conformação, tempo e procedimento.

   b. Legislação, normatização, cronologia e empoderamento.

   c. Legalidade, conceituação, barganha e concessão.

   d. Legitimidade, informação, tempo e poder.

   e. Lealdade, formação, caráter e postura.

4. O processo de mediação corresponde à intervenção de uma pessoa isenta dos interesses que estão sendo negociados. Isso deve ocorrer que de maneira?

   a. Intervir de maneira equilibrada, buscando preservar direitos e benefícios da parte que é mais sofrida, pobre ou injustiçada.

   b. Intervir de maneira justa e isenta, de modo a levar as partes conflituosas a buscarem um entendimento que seja satisfatório para ambas.

   c. Intervir de maneira justa, porém preservando os interesses que estão sendo ofendidos ou ameaçados.

   d. Intervir de forma efetiva e incisiva para determinar um acordo.

   e. Intervir de maneira dissimulada, de modo a persuadir os envolvidos.

5. Durante a formação de grupos, existem algumas motivações que interferem e facilitam as associações. Uma delas é a complementariedade, que pode ser entendida da seguinte maneira:

   a. Ocorrência de situações de competição que mantêm as pessoas próximas com o intuito de se avaliar e se medir continuamente.

   b. Aproximação entre indivíduos que possuem características diferentes, mas que se complementam para a realização de determinada tarefa.

   c. Existência de momentos em que a integração das pessoas proporciona um ambiente positivo e gera um bom clima organizacional.

   d. Aproximação de interesses diferentes que se alternam na disputa por atenção, recursos e ações que viabilizem as metas.

   e. Concordância de que existem habilidades comuns e mesmo similares que podem se unificar em torno de objetivos comuns.

6. A deslealdade é um tipo de comportamento nocivo que costuma ocorrer em três tipos de situações. Quais são elas?

   a. Intermediária, anormal e avançada.

   b. Imediata, inconsciente e detalhada.

   c. Não intencional, premeditada e oportunista.

   d. Impeditiva, irracional e desapropriada.

   e. Inadvertida, inadequada e calculada.

6

GESTÃO ESTRATÉGICA DE PESSOAS

PARA COMEÇAR

Neste capítulo, estudaremos os recursos antigos e atuais para a obtenção de processos e objetivos estratégicos de pessoas dentro das organizações.

Felizmente, é cada vez menor o número de empresas que enxergam as pessoas apenas como "um mal necessário", "um número no crachá" ou "uma peça que pode ser facilmente substituída". As empresas modernas já tem a noção de que as pessoas são um recurso valioso em seus processos para a obtenção dos objetivos estratégicos.

Dos antigos departamentos de pessoal, que tinham por principal objetivo dar conta dos processos relacionados à folha de pagamento, benefícios e legislação, as empresas lentamente foram evoluindo para os departamentos de RH, que tinham como missão gerir processos como recrutamento e treinamento. Atualmente, é observado que muitas empresas adotam uma visão mais estratégica sobre a importância de seus trabalhadores.

Todo esse processo se dá em diversas frentes: maior valorização dos funcionários; aumento significativo dos investimentos em treinamento; mais oportunidades de promoção, estágios e bolsas de estudos; variação e flexibilização de benefícios; além de ações que visam melhorar o ambiente de trabalho, a satisfação e a produtividade. Tratam-se de esforços que são cobrados em forma de resultados e que estão sempre alinhados com os objetivos organizacionais.

6.1 Subsistemas de Recursos Humanos

Toda a área de Recursos Humanos pode ser entendida como um sistema integrado composto por outros subsistemas interdependentes, que funcionam por meio de cinco processos ou objetivos:

a. Agregar pessoas: consiste nas atividades responsáveis por incluir novos colaboradores na organização e também fazer a integração deles com aqueles que já atuam. Inicia-se com o planejamento de RH, passa pelo recrutamento, seleção e integração do novo funcionário.

b. Aplicar pessoas: são todos os processos envolvidos em planejar as atividades que as pessoas desenvolverão. Envolve desenho de cargos e salários, planejamento de alocação de pessoas, plano de carreira, avaliação de desempenho, entre outras ações.

c. Desenvolver pessoas: consiste nas estratégias utilizadas para capacitar e incrementar o potencial dos colaboradores. Incluem treinamentos, programas de orientação e de estágios/*trainee*, processos de comunicação etc.

d. Manter pessoas: são as ações que visam aumentar a satisfação das pessoas em relação às suas atividades e aos relacionamentos com colegas e chefias. Fazem parte desse processo a administração de cargos e salários, os benefícios oferecidos, os sistemas de bonificação, os programas de qualidade de vida, os cuidados com a segurança no ambiente de trabalho e pesquisas de clima organizacional.

e. Monitorar pessoas: são as ações que têm por objetivo acompanhar e controlar as atividades dos funcionários, de modo a monitorar e orientar desempenhos e resultados. Incluem auditorias, investimentos em bancos de dados e sistemas gerenciais.

Os subsistemas são interligados e influenciam-se, podendo favorecer ou prejudicar os demais e, com isso, interferir no desempenho das pessoas e das organizações.

6.2 Recrutamento e seleção

Como já visto, trata-se de um dos subsistemas de RH, que tem por finalidade atrair novos colaboradores para atuar na organização. Tem um papel estratégico para os resultados da empresa, podendo contribuir na captação de novos talentos que ajudarão a empresa no desenvolvimento de suas atividades de maneira criativa e eficiente. Mas também pode atrapalhar se os novos colaboradores não estiverem alinhados com os valores da empresa, não tiverem as qualificações necessárias para exercer a função ou tiverem problemas para se relacionar.

O trabalho de recrutamento inicia-se a partir da análise do perfil do cargo em aberto. Isso consiste em avaliar junto à chefia quais são as competências, habilidades e características pessoais necessárias para o novo colaborador ocupar o cargo e desenvolver as atividades.

Existem quatro maneiras diferentes e complementares de se recrutar:

a. Recrutamento interno: é quando a empresa abre para seus funcionários um processo seletivo visando ocupar a vaga em aberto.

b. Recrutamento externo: consiste em divulgar a vaga para candidatos de fora da organização. Essa divulgação é feita em sites, jornais, agências de emprego, associações de classes etc.

c. Recrutamento misto: é quando o processo seletivo analisará, ao mesmo tempo, candidatos internos e externos.

d. Recrutamento on-line: é a utilização de sites de emprego ou redes sociais para recrutar candidatos e também o uso da web para fazer entrevistas.

AMPLIE SEUS CONHECIMENTOS

"[...] um recrutamento online (e-recrutamento como também é chamado) é um processo que tem por base a utilização de ferramentas web [...]."

Saiba mais em: <http://www.e-konomista.pt/artigo/recrutamento-online/>. Acesso em: 8 fev. 2020.

Após recrutados os candidatos, o setor de RH passa à etapa de selecionar entre eles aquele que ocupará a vaga. Para isso, são utilizadas estratégias como entrevistas pessoais ou em grupo, testes psicológicos, testes práticos, dinâmicas de grupo, simulações de situações, entre outras.

6.3 Treinamento e desenvolvimento

Também chamada de T&D, a área de treinamento e desenvolvimento tem por objetivo habilitar ou capacitar uma pessoa a desenvolver determinada atividade (treinamento) e também aprimorar habilidades e competências que a pessoa já tenha, mas que podem ou necessitam ser melhoradas (desenvolvimento).

Organizações que negligenciam esse importante processo de RH podem sofrer de problemas de competitividade por não possuírem pessoas qualificadas. Já, ao contrário, investir seriamente em treinamento e desenvolvimento pode representar um diferencial significativo, principalmente entre empresas que possuam recursos financeiros e tecnológicos semelhantes.

Normalmente, os motivos que demandam ações de treinamento e desenvolvimento são: necessidade de preparar pessoas para desempenharem novas funções, busca pelo aumento de performance e de inovação, desenvolvimento de competências e aprimoramento de habilidades.

Os principais ganhos que a organização obtém com a estruturação de bons programas de treinamento e desenvolvimento são: melhora na eficiência dos profissionais; mudança na cultura da organização e em seus processos e políticas internas; estímulo ao desenvolvimento de uma cultura de inovação e comprometimento; melhoria nos resultados e no nível de qualidade; desenvolvimento de equipes de alta performance; e elevação da satisfação dos clientes e dos trabalhadores em relação à empresa.

Porém, todos os esforços de T&D só surtirão efeitos se esse processo for embasado em um bom planejamento, alocação de recursos suficientes e adequados, estruturação de bons programas de treinamento, execução por profissionais competentes e qualificados e, finalmente, a elaboração e acompanhamento de critérios adequados e eficientes para medir os resultados quantitativos e qualitativos de todas ações de T&D.

6.4 Gestão por competências

Antes de compreendermos o que é e como funciona o processo de gestão de competências, cabe explicar o que se entende por competência. Derivada da expressão latina *competere*, a palavra significa que a pessoa possui aptidão para realizar uma tarefa ou cumprir uma função.

GESTÃO ESTRATÉGICA DE PESSOAS

89

Atualmente, esse conceito foi ampliado e envolve a ideia de conjunto de conhecimentos, habilidades e comportamentos necessários para desenvolver uma atividade de maneira eficiente. Entre os especialistas em recursos humanos, esses recursos recebem o codinome de CHA (Conhecimentos, Habilidades e Atitudes).

O processo de gestão por competências consiste na adoção de estratégias gerenciais com a finalidade de planejar, captar, desenvolver e avaliar as competências que a organização necessita para desempenhar suas atividades. Tal metodologia propõe que a empresa identifique, em suas tarefas e em seus objetivos futuros, quais competências ela reconhece entre seus colaboradores atuais e quais devem ser adquiridas, seja por meio de programas de treinamento e desenvolvimento, seja por contratação de novos colaboradores.

A primeira etapa do processo de gestão de competências consiste na realização, na manutenção e na atualização do **mapeamento das competências** existentes na organização e das competências necessárias para as atividades.

O próximo passo consiste na **avaliação de desempenho**, no qual se realiza a identificação individual das competências técnicas e comportamentais de todos os funcionários da organização.

Em seguida, passa-se à etapa de elaboração e execução de um plano de **desenvolvimento de competências**, no qual serão criadas estratégias para qualificar e aperfeiçoar os colaboradores de acordo com suas competências e em consonância com os objetivos estratégicos da organização.

//// AMPLIE SEUS CONHECIMENTOS

[...]

A competência está inserida nas variáveis expressas pelo vocábulo **CHAVE** (Conhecimento-Habilidade-Atitude-Valores-Entorno).

Em linhas gerais, CHAVE compreende:

C – Conhecimento (*know-how*. Saber fazer algo que seja útil para a organização).

H – habilidade (para produzir resultados com o conhecimento).

A – Atitude (proatividade do empregado. Assertividade).

V – Valores (valores nobres aos quais se subordina o caráter dos empregados. Por exemplo, o valor ética).

E – Entorno (percepção da cultura da organização, bem como o discernimento sobre o seu ambiente político interno).

O comportamento organizacional ocupa-se da variável atitude, com o desafio de criar – e manter – uma atitude coletiva proativa em todo o quadro funcional da organização. A empresa que consegue encontrar formas de despertar – e perpetuar – atitude coletiva proativa, em todo o seu quadro funcional, e também gerenciar adequadamente as competências organizacionais, passa a desfrutar de vantagem competitiva.

Várias áreas do conhecimento contribuem para que possam ser construídos caminhos nesse sentido, no campo de estudo do comportamento organizacional.

[...]

JOHANN, S. **Comportamento organizacional:** teoria e prática. São Paulo: Saraiva, 2013, p. 4.

6.5 Conhecimento e aprendizado nas organizações

As empresas costumam gastar anualmente milhões de reais com investimentos em novas máquinas e tecnologias, visando aperfeiçoar seus processos produtivos, introduzir novas técnicas e criar novos produtos e serviços. Contudo, muitas organizações já perceberam que investir em novos processos não é o suficiente se não houver preocupação em melhorar a forma como a empresa pensa, produz conhecimento e aprende com as experiências.

A disputa entre as empresas para atrair e contratar talentos, muitas vezes de outras organizações, mostra o quanto o conhecimento e a experiência podem representar o diferencial em um mercado tão competitivo.

Questões como capital intelectual, universidade corporativa e retenção de talentos passam a ser cada vez mais a pauta das preocupações, tanto dos gestores de recursos humanos quanto de lideranças e diretorias.

Investir em conhecimento vai muito além de ministrar palestras ou treinamentos, compreende a ideia de que informações úteis têm poder sobre os objetivos da organização. Portanto, o conhecimento deve ser gerenciado, desenvolvido e disseminado na organização.

6.5.1 Informação, conhecimento e aprendizado

Para entender a importância das informações dentro do ambiente organizacional, é preciso, inicialmente, desfazer uma confusão muito comum quando se fala sobre informação: a diferença entre informação e o que é simplesmente um dado ou um número.

Dados são classificados como unidades de informação, ou seja, uma informação só é possível a partir da união de vários dados. Porém, um dado isolado por si só não transmite nenhuma informação. Por exemplo, dizer que a empresa realizou R$ 10.000,00 em vendas é apenas um dado, pois só se pode obter a informação de que esse valor representou lucro ou prejuízo, aumento ou diminuição das vendas, se for realizada a junção desse dado com outros, e se forem feitas algumas análises que farão com que se possa produzir uma informação.

Informação é o resultado do processamento dos dados. Somente com a análise detalhada e a interpretação correta dos dados é que são produzidas as informações valiosas para os objetivos propostos, ou seja, os dados devem ser analisados e interpretados sob determinada ótica e, a partir dessa análise, torna-se possível qualificar esses dados.

A teoria da visão sistêmica propõe uma abordagem muito utilizada na explicação de como as informações são produzidas:

- ▸ **Passo 1:** entrada de dados.
- ▸ **Passo 2:** processamento ou análise dos dados.
- ▸ **Passo 3:** saída do resultado do processamento = informação.

6.5.2 Organizações que aprendem

A aprendizagem organizacional é uma preocupação relativamente nova no ambiente corporativo. Durante muito tempo, acreditava-se que para que a empresa pudesse progredir, perpetuar-se e atingir os seus objetivos, bastava que ela periodicamente oferecesse palestras ou treinamentos para qualificar, informar e motivar os seus colaboradores. Porém, nos últimos anos, têm crescido as pesquisas sobre o assunto e as tentativas de implantar estratégias que efetivamente possam ir além dos meros treinamentos e que tragam resultados duradouros e positivos.

Entre os estudos sobre o tratamento que se deve dar ao conhecimento dentro do ambiente organizacional, destaca-se a teoria apresentada pelo engenheiro e escritor estadunidense Peter M. Senge (1947-), no livro *A Quinta Disciplina*, em que ele propõe o conceito de *learning organization* ou organizações de aprendizagem.

Segundo esse conceito, as organizações que se preocupam verdadeiramente em adquirir, assimilar, desenvolver e disseminar conhecimentos são aquelas em que as pessoas aprimoram continuamente suas capacidades para criar o futuro que realmente gostariam de ver surgir.

Para que a empresa introduza em sua cultura o conceito de *learning organization*, é necessário que ela incorpore cinco dimensões de aprendizado:

a. **Domínio pessoal:** refere-se à necessidade contínua de expandir as capacidades dos indivíduos. Para isso, a organização deve manter um ambiente no qual as pessoas sejam estimuladas a determinar objetivos e procurar alcançá-los sem o temor de serem punidas.

b. **Modelos mentais:** consiste no ato de fazer reflexões sobre como as pessoas enxergam o mundo. Essa análise também permite compreender como as pessoas obtêm conhecimentos e de que maneira essas informações influenciam suas ideias, valores e comportamentos.

c. **Visão compartilhada:** a organização, por meio de suas lideranças, deve estimular todos os membros a compreender quais são os valores e os objetivos da organização, a alcançar o engajamento em prol desses objetivos e participar da elaboração das diretrizes e estratégias que permitam que a organização seja vitoriosa em seus propósitos.

d. **Aprendizado em grupo:** o primeiro passo é estabelecer uma comunicação direta, franca e assertiva. Em seguida, deve-se buscar encontrar estratégias para que os talentos da organização trabalhem verdadeiramente em conjunto. Outro passo importante é permitir que as pessoas compartilhem seus conhecimentos e suas experiências.

e. **Pensamento sistêmico:** consiste na análise e na compreensão da organização como um sistema integrado no qual todas as partes são interdependentes. A partir disso, deve-se procurar possíveis erros que existam e que estejam dificultando o funcionamento do sistema e, em seguida, elaborar estratégias para corrigi-los e, principalmente, permitir que o aprendizado adquirido com esse processo seja consolidado na organização para que os objetivos alcançados não se percam e os erros não voltem a se repetir.

> **FIQUE DE OLHO!**
>
> A aprendizagem organizacional (*learning organization*) tem relação com aprendizagem individual.

De maneira prática, existem várias estratégias que a empresa pode adotar para promover a aprendizagem organizacional. Entre elas estão:

a. a troca de experiências entre profissionais;

b. a aprendizagem por meio das lideranças;

c. a aquisição de conhecimentos pela prática efetiva;

d. a aprendizagem sistêmica que permite o entendimento do todo;

e. o compartilhamento efetivo de informações;

f. a utilização do recurso de aprender com a experiência de outras organizações, denominado *benchmarking*.

Porém, é importante frisar que essa nova visão somente será eficaz e se perpetuará nas práticas da organização os conceitos transformarem-se em prática diária e objeto de gerenciamento de lideranças e do RH, assim como em valores organizacionais.

6.5.3 Universidades corporativas

Muitas empresas têm procurado evoluir o seu entendimento sobre o valor do conhecimento para seus objetivos. Essa nova visão tem proporcionado o surgimento de novas estratégias para lidar e transformar as informações que toda organização adquire e produz cotidianamente. Entre elas, há as experiências das universidades corporativas.

Também chamadas de chamadas *business school*. Essas instituições surgiram nos Estados Unidos e na Europa como esforço das organizações em desenvolver com mais eficácia as competências e habilidades de sua força de trabalho, integrando as experiências práticas do cotidiano ao estudo aprofundado de teorias, técnicas e novas abordagens.

O aprimoramento dos colaboradores deixa, então, de ser um mero esforço esporádico motivado por necessidades urgentes e passa a ser parte de uma estratégia estruturada de desenvolvimento contínuo, buscando atender as necessidades no longo prazo da empresa e também os desejos das pessoas.

As universidades corporativas têm sido formuladas em dois tipos básicos de formatos: academias independentes, as quais a organização estrutura seus programas de cursos sem a parceria com universidades formais; e academias integradas a universidades tradicionais, que possibilitam na empresa a promoção de cursos de graduação e pós-graduação certificados e reconhecidos pelo mercado.

Ao analisar as principais diferenças entre as universidades corporativas e os tradicionais departamentos de treinamento, percebe-se as seguintes vantagens desse novo modelo: maior disponibilidade de recursos financeiros, físicos e tecnológicos; elaboração de um catálogo de cursos que não se restringe apenas a assuntos ligados à administração e que podem abarcar assuntos como cultura, filosofia, inovação, marketing, psicologia, entre outros; foco permanente na qualificação das lideranças; e maior velocidade na assimilação de novas abordagens conceituais e técnicas.

6.5.4 Novas metodologias e o futuro da educação coorporativa

Na tentativa de acompanhar as mudanças constantes e as novas demandas de clientes, as organizações têm investido em metodologias inovadoras para disseminar o conhecimento e aperfeiçoar a capacidade de seus funcionários.

Além de universidades internas, as empresas têm procurado desenvolver novos conteúdos e experimentar técnicas que possibilitem um aprendizado mais eficaz e prático do conhecimento.

Entre as inúmeras experiências, pode-se citar:

a. **Cursos no formato intercâmbio:** cursos nos quais a pessoa viaja para alguma cidade ou país para participar de um curso.

b. **Ensino à distância (*e-learning*):** utilização de vários recursos tecnológicos para treinar pessoas sem necessitar da presença do instrutor ou da pessoa no local onde é promovido o curso.

c. ***Coaching* e *mentoring*:** processo de orientação e aconselhamento por meio da experiência de profissionais mais experientes.

d. **Rotação de funções (*job rotation*):** técnica de promover o rodízio de funções no qual a pessoa adquire novos conhecimentos, experiências e outras visões a partir da experimentação do exercício de atividades diferentes daquelas que ela exerce cotidianamente.

e. **Grupos de estudos:** reunião de pessoas, de cargos e funções distintas para estudar problemas pontuais da organização e desenvolver novos conhecimentos a partir desses estudos.

6.6 Aprendizagem

Um dos assuntos estudados pela Psicologia é a forma que as pessoas encontram para apreender e aprender com as informações obtidas por meio dos estudos e das experiências cotidianas.

Define-se aprendizagem como sendo um fenômeno no qual se estabelecem ligações entre determinados estímulos que produzem respostas que alterarão comportamentos, crenças, conhecimentos e capacidades.

Ao aprofundar esse entendimento, percebe-se que a aprendizagem envolve fatores emocionais, neurológicos e relações com outras pessoas e com o ambiente/contexto. Aprender é o resultado dessas interações e, ao mesmo tempo, é um processo que pode ser recriado continuamente, portanto, pode-se aprender sempre mais, mesmo sobre coisas que se acredita já conhecer ou já ter vivenciado.

A Psicologia possui várias teorias que abordam a questão do aprendizado, como ele ocorre, o que o dificulta e as consequências dele na vida das pessoas. O avanço das ciências neurológicas também têm contribuído muito com essa questão.

6.6.1 Teorias sobre o processo de aprendizagem

Existem inúmeras abordagens psicológicas que procuram compreender e sistematizar como ocorrem os processos de aprendizagem. Alguns teóricos reúnem essas teorias em dois grandes conjuntos: teorias cognitivas e teorias de condicionamento dos comportamentos.

Para as teorias cognitivas, a aprendizagem acontece por meio da relação entre o indivíduo e o mundo exterior. Seria por meio dessas interações que o indivíduo adquire conhecimentos, experiências e informações de maneira organizada.

Já as teorias de condicionamento definem a aprendizagem por meio de comportamentos que podem ser moldados com a finalidade da obtenção de informações e conhecimentos.

94 ■ ■ ■ PSICOLOGIA COMPORTAMENTAL

As principais diferenciações entre essas vertentes de entendimento dizem respeito à maneira como ocorre a aprendizagem, como o conhecimento é transferido e como se retém aquilo que foi aprendido.

Para os psicólogos cognitivos, aprende-se por meio das relações que se fazem entre os conceitos estudados e as experiências práticas. Os psicólogos das teorias de condicionamento defendem que o aprendizado se dá por meio da relação entre estímulos e respostas.

Em relação à transferência do conhecimento, os psicólogos cognitivos acreditam que o aprendizado depende da forma como a informação é apresentada. Já os teóricos do condicionamento acreditam que o aprendizado acontece quando se consegue relacionar o que se está aprendendo a situações já vivenciadas ou ao que se está acostumado.

Quando analisam a maneira como se retém o conhecimento, os psicólogos das teorias de condicionamento preconizam que a fixação do que foi aprendido se dá na medida em que se reforça o assunto/conhecimento por meio de ações sequenciais e repetitivas. Já para os psicólogos cognitivos, os fatores que retêm o conhecimento são a memória e a atenção.

6.6.2 Tipos de aprendizagem

Os estudos sobre os processos de aprendizagem demonstram que o ser humano possui diferentes maneiras de adquirir e reter novos conhecimentos. Entre esses formatos, pode-se citar:

a. **Aprendizagem por tentativa e erro:** quando o indivíduo aprende de forma própria, fazendo tentativas, descartando as formas inadequadas, assimilando maneiras corretas de resolver problemas e, assim, retendo experiências.

b. **Aprendizagem por observação e imitação:** quando a pessoa procura reproduzir o comportamento de outra pessoa. Algumas correntes psicológicas não consideram isso uma forma de aprendizado, mas mera imitação.

c. **Aprendizagem por imitação com orientação:** o comportamento de reprodução é corrigido por outra pessoa que aponta erros, acertos e estratégias para o aperfeiçoamento da aprendizagem.

d. **Aprendizagem tradicional ou intencional:** consiste no uso de uma metodologia e didática pensadas para que ocorra a transmissão de um conteúdo (conhecimento) de um instrutor/professor para um aprendiz/aluno.

Pode-se ainda dividir as aprendizagens segundo os recursos cognitivos que são utilizados ou segundo sua finalidade:

a. **Aprendizagem motora:** requer a utilização de recursos motores como andar de bicicleta, dirigir, subir escadas etc.

b. **Aprendizagem por discriminação:** utiliza-se a estratégia de fazer diferenciações e procurar semelhanças. Exemplo: cores, formas, texturas, medidas, usos, simbologias etc.

c. **Aprendizagem verbal:** aprende-se símbolos verbais como placas, cartões, anúncios, meios de comunicação etc.

6.6.3 Dificuldades no processo de aprendizagem

O termo **dificuldade de aprendizagem** refere-se a um grupo de desordens manifestadas por dificuldade na aquisição e no uso da audição, fala, leitura, escrita, raciocínio ou habilidades matemáticas. Essas desordens são intrínsecas ao sujeito. Presumidamente, devido a uma disfunção no sistema nervoso central, podem ocorrer apenas por um período na vida.

No entanto, os estudos psicológicos têm demonstrado que, além dos aspectos neurológicos, outros fatores podem atrapalhar o processo de aprendizagem: causas físicas, sensoriais, emocionais, intelectuais ou cognitivas (Tabela 6.1).

Tabela 6.1 - Causas que atrapalham o processo de aprendizagem

FÍSICAS	São perturbações passageiras, como dores de cabeça ou cólica, ou problemas permanentes como doenças hereditárias.
SENSORIAIS	São os distúrbios que afetam os órgãos dos sentidos.
NEUROLÓGICAS	Problemas que afetam o sistema nervoso.
EMOCIONAIS	São perturbações psicológicas relacionadas às emoções, sentimentos ou à personalidade da pessoa.
COGNITIVAS	Refere-se à capacidade do indivíduo de compreender e assimilar as informações.
EDUCACIONAIS	Depende do tipo de instrução que a pessoa recebe durante a infância, seja na família ou na escola.

Tanto o diagnóstico quanto a orientação de tratamento para qualquer uma dessas causas devem ser feitos por um profissional especialista. Infelizmente, ainda ocorrem muitos problemas de agravamento das dificuldades de aprendizagem em razão de análises equivocadas e tratamentos errados.

Qualquer uma dessas dificuldades pode ser superada caso a pessoa seja corretamente orientada e esteja realmente interessada e motivada a melhorar o seu processo de aquisição e retenção dos conhecimentos.

6.6.4 Motivação e aprendizagem

Entre os diversos fatores que interferem no processo de aprendizagem, o interesse e o compromisso da pessoa sobre a aprendizagem merecem destaque.

O cérebro possui sistemas dedicados aos processos de motivação e de recompensa. Estudos sobre os processos psicológicos e neurológicos que envolvem a aprendizagem demonstram que, para esse processo ocorrer de maneira eficaz, deve haver uma ação que ative os centros de prazer do cérebro e crie sensações de gratificação e bem-estar que serão associados ao que está sendo aprendido.

Diante dessas sensações, a tendência é de que a pessoa volte a reproduzir a ação que gerou o prazer obtido e reforce o entendimento e a retenção do conteúdo/conhecimento aprendido.

96 ■ ■ ■ PSICOLOGIA COMPORTAMENTAL

O contrário também é verdadeiro. Atividades extremamente complexas, demoradas ou difíceis tendem a gerar frustração e causam abandono de interesse pelo aprendizado.

Para o psicólogo suíço Jean Piaget (1896-1980), o processo de aprendizagem ocorre quando o indivíduo é colocado frente a desafios que são significativos e conhecidos por ele. A busca por solucionar o desafio proposto irá motivar e impulsionar o indivíduo.

Outros aspectos importantes que devem ser frisados sobre a influência da motivação para o processo de aprendizagem são: o interesse da pessoa sobre o assunto, a relação entre o aprendiz e o instrutor e, principalmente, o prazer obtido durante o ato de aprendizado.

Portanto, ainda que seja um conceito teórico, a aprendizagem será facilitada na medida em que a pessoa consiga fazer uma relação entre o que está aprendendo e as aplicações práticas do novo conhecimento. Quem está à frente do processo de aprendizagem deve certificar-se que a metodologia adotada proporciona um ganho contínuo de aprendizagem e satisfação no ato de aprender.

6.7 Avaliação de desempenho

O processo de avaliação de desempenho é considerado uma das melhores estratégias para se acompanhar o desempenho de pessoas ou grupos em ambientes organizacionais.

As empresas têm procurado estabelecer essa forma de avaliar o rendimento e as atitudes dos trabalhadores em substituição a análises esporádicas e pouco estruturadas que costumam acontecer nos processos atuais de RH.

Quando bem formatada e gerenciada, a avaliação de desempenho proporciona à organização inúmeros indicadores de possíveis questões que necessitam ser aperfeiçoadas em relação à produtividade do trabalhador à eficiência e desempenho da empresa como um todo.

Trata-se de uma mudança de pensamento tanto por parte das lideranças, que precisam aprender a fazer avaliações mais específicas e imparciais, quanto dos trabalhadores, que precisam aprender a receber avaliações construtivas.

6.7.1 Vantagens da avaliação de desempenho

São inúmeras as contribuições da avaliação de desempenho para o progresso da organização e aperfeiçoamento do trabalhador, como:

a. promover o autoconhecimento por parte dos envolvidos;

b. aumentar as capacidades e habilidades do trabalhador;

c. perceber as necessidades de treinamentos;

d. estabelecer de metas claras (e reais) a serem perseguidas;

e. entender os objetivos e metas da organização;

f. obter satisfação e motivação diante dos progressos alcançados;

g. perceber de forma objetiva os talentos e potenciais talentos;

h. orientar de maneira mais eficiente para o desenvolvimento dos trabalhadores.

Alguns estudiosos sobre o assunto mencionam que o processo de avaliação de desempenho, quando não implantado e gerenciado corretamente, pode gerar alguns problemas, como se tornar um processo demorado e trabalhoso dependendo do momento pelo qual a empresa esteja passando. Outro perigo envolvido em qualquer processo de avaliação é o risco de ser contaminado por questões subjetivas, como amizade ou intimidade entre quem avalia e quem está sendo avaliado.

A avaliação de desempenho também possibilita um retorno mais direto e claro que o trabalhador recebe sobre o seu desempenho, que pode perceber que pontos precisam ser melhorados e que aspectos possui de positivo e que podem ser aperfeiçoados e destacados.

Para as lideranças, a avaliação de desempenho também se mostra uma importante ferramenta de gestão de pessoas. Com um processo bem estruturado, eliminam-se os palpites, as impressões e os achismos e passa-se a utilizar indicadores reais e plausíveis que permitem que o líder perceba claramente que pontos necessitam ser acompanhados no desempenho. A partir de então, é possível estabelecer estratégias adequadas para desenvolver as capacidades e habilidades da força de trabalho, melhorar a motivação dos trabalhadores e aumentar a produtividade da organização.

6.7.2 Formatos de avaliação de desempenho

Existem diferentes maneiras de se avaliar o desempenho dentro das organizações. O formato que será utilizado para esse processo dependerá de aspectos como o tamanho da organização, a experiência de quem comandará as avaliações e, principalmente, as necessidades e os objetivos do setor no qual atua o profissional. Entre os diferentes formatos utilizados, destacam-se:

a. autoavaliação;

b. avaliação 360 graus;

c. avaliação de competências;

d. avaliação de competências e resultados;

e. avaliação de potencial;

f. avaliação por objetivos;

g. avaliação por resultados;

h. comparação de pares;

i. escalas gráficas de classificação;

j. pesquisa de campo;

k. incidentes críticos;

l. padrões de desempenho;

m. relatório de performance.

Independentemente da ferramenta utilizada, é importante que o processo seja compreensível para os participantes. Muitas vezes, as avaliações de desempenho são implementadas e, posteriormente, abandonadas por empresas justamente porque os avaliados e até os avaliadores não são corretamente orientados sobre quais são os objetivos da avaliação, como ela ocorrerá, que critérios serão utilizados e quais serão os desdobramentos a partir dos resultados obtidos nas avaliações.

Portanto, o primeiro passo que a organização deve dar no sentido de iniciar o processo de implementação das avaliações de desempenho consiste em, logo após formatado e organizado o processo, iniciar o trabalho de sensibilização dos que estarão envolvidos para tirar dúvidas, evitar boatos ou temores infundados e ganhar a adesão de todos.

6.7.3 Funcionamento e implantação da avaliação de desempenho

De maneira geral, pode-se afirmar que os processos de avaliação de desempenho têm por finalidade identificar como os trabalhadores estão executando suas tarefas, medir o rendimento e a motivação deles em relação ao trabalho, identificar possíveis necessidades de capacitação e orientação. Esse processo também é útil para a tomada de decisões relacionadas a promoções, aumentos salariais, bonificações, remanejamentos de cargos ou atividades e readequação da força de trabalho.

Nos vários formatos de avaliação de desempenho existentes, é comum encontrar os seguintes aspectos:

a. mensuração contínua da performance do profissional indicando produtividade, dificuldades, falhas e acertos;

b. identificação precisa dos pontos que devem ser corrigidos, aperfeiçoados ou reforçados. Portanto, a avaliação não serve somente para detectar problemas, mas também para apontar que práticas estão obtendo êxito e devem ser incentivadas;

c. estabelecimento de um cronograma de entrevistas com o profissional e o seu líder imediato para analisar os resultados, identificar ações corretivas (como treinamentos), orientar quanto a possíveis dúvidas e caminhos para alcançar progressos no desempenho, traçar metas de melhorias e ajustar expectativas em relação ao desempenho possível e o desempenho desejado.

Para a implantação correta do processo de avaliação de desempenho, sugere-se que a organização adote as seguintes etapas:

a. definir claramente o que se espera do desempenho de cada função;

b. estruturar o que será avaliado e como será avaliado;

c. capacitar lideranças para saber avaliar e dar feedbacks adequados;

d. comunicar toda a organização sobre o processo de avaliação;

e. acompanhar de perto todo o processo para fazer correções.

AMPLIE SEUS CONHECIMENTOS

Tipos de avaliação de desempenho

O sistema de avaliação deve levar em conta a política de pessoal e as características dos cargos envolvidos.

Por que avaliar?

Toda a avaliação gera consequências positivas e negativas. As principais questões são:

▸ Quais são os critérios de julgamento?

▸ Como definir os objetivos da avaliação de desempenho?

▸ Como fazer uma análise objetiva?

O foco da avaliação de desempenho em uma empresa deve ser a promoção e orientação pessoal e profissional das pessoas. Deve, também, evitar a repreensão e a busca por culpados.

Cada empresa adota um sistema de avaliação que considera mais adequado, levando sempre em conta a política de pessoal e as características dos cargos envolvidos.

Leia os artigos *Entenda a importância das avaliações de desempenho*, disponível em: <https://goo.gl/Vh2ZjH> e *Dicas simples para avaliação do desempenho dos colaboradores*, disponível em: <https://goo.gl/nFAs9p>. Acessos em: 9 fev. 2020.

6.7.4 Sistema de avaliação

Entre os diferentes formatos de avaliação de desempenho, um que tem chamado a atenção nos últimos anos e tem sido implementado em várias organizações é o sistema de avaliação 360 graus.

Esse tipo de avaliação compreende a coleta, tabulação e análise de indicadores do desempenho de um profissional a partir da percepção desses indicadores por outras pessoas. Quem avalia pode ser tanto um chefe quanto um colega de trabalho. Em alguns formatos de avaliação 360 graus, até clientes e fornecedores participam das avaliações sobre a performance do profissional avaliado.

Para melhor compreensão desse formato, pode-se imaginar um círculo no qual estão todos os membros de uma equipe de trabalho. Nesse processo avaliativo, todos os envolvidos emitem pareceres sobre o desempenho de todos. Inicialmente, a pessoa realiza uma autoavaliação, apontando como foi o seu desempenho em determinado período (geralmente no último mês), quais dificuldades encontrou na realização de suas tarefas, quais pontos considera ter desempenhado satisfatoriamente e quais necessidades sente que precisam ser atendidas, seja por meio de treinos, orientações ou cursos.

Em seguida, os colegas de trabalho e o líder também emitem suas avaliações sobre o desempenho. Após o término dessa primeira avaliação, repete-se todo o processo com o profissional seguinte até chegar ao líder da equipe.

Além dessa característica de transparência e objetividade, outro aspecto que chama a atenção nesse formato de avaliação é a participação efetiva do líder, que também faz sua autoavaliação perante os seus comandados e, em seguida, recebe o feedback de todos.

Para que esse tipo de avaliação obtenha os resultados desejados e não traga problemas de relacionamento para o grupo, faz-se necessário que, antes de ser implementado, seja avaliada a maturidade dos envolvidos, capacitando-se a todos.

/// VAMOS RECAPITULAR?

Neste capítulo, entendemos o que é gestão de pessoas e a função do departamento de Recursos Humanos. Foram vistos, ainda, as novas metodologias e o futuro da educação coorporativa.

AGORA É COM VOCÊ!

1. Para que a área de RH consiga desenvolver seus processos e atingir seus objetivos, ela se divide em quais subsistemas?

   a. Juntar, coordenar, inspecionar e motivar pessoas.

   b. Agregar, aplicar, desenvolver, manter e monitorar pessoas.

   c. Reunir, integrar, distribuir e cobrar metas das pessoas.

   d. Congregar, animar, promover e estabilizar o humor das pessoas.

   e. Animar, motivar, bonificar e promover pessoas.

2. Entre os diversos formatos que as universidades corporativas utilizam para treinar os funcionários, em que consiste o *e-learning*?

   a. Reunir condições técnicas para realizar atividades educativas inovadoras.

   b. Acessar conteúdos em bibliotecas digitais e aulas expostas na internet.

   c. Possibilitar que a pessoa construa o seu próprio trajeto de aprendizado.

   d. Utilizar de estratégias metodológicas diferenciadas e eficazes.

   e. Utilizar recursos tecnológicos para treinar pessoas sem necessitar da presença do instrutor ou da pessoa no local onde está sendo gerado o curso.

3. Para as teorias cognitivas, a aprendizagem pode ser definida da seguinte maneira:

   a. Acontece por intermédio da intervenção de estímulos internos fortes.

   b. Acontece por meio da relação entre o indivíduo e o mundo exterior.

   c. Acontece por ação de forças motivacionais que levam ao entendimento.

   d. Desenvolve-se de maneira lenta e gradual para que ocorra a fixação.

   e. Desenvolve-se de maneira abstrata e motivada pelos estímulos internos.

4. Quais são as etapas da avaliação 360 graus?

a. Avaliação do esforço do profissional nos treinamentos organizacionais.

b. Avaliação do desempenho de um profissional por outras pessoas.

c. Avaliação das estratégias utilizadas para alcançar resultados e metas.

d. Percepção da satisfação do profissional em atuar na empresa.

e. Percepção da evolução do esforço do profissional ao longo do ano.

5. Como a teoria dos sistemas explica a formulação das informações?

a. Captar + interpretar dados = informações privilegiadas.

b. Reunir + combinar dados = informações assertivas.

c. Procurar + processamento de informações = dados.

d. Entrada + processamento de dados = saída (informações)

e. Conquistar + processar dados = saída (informações).

6. No intuito de integrar melhor suas equipes, as empresas têm procurado preparar suas lideranças para qual objetivo?

a. Agregar processos que permitam que as pessoas colaborem com os objetivos da organização.

b. Gerenciar processos e orientar pessoas, sabendo respeitar diferenças e, ao mesmo tempo, motivá-las.

c. Motivar as pessoas a participar das decisões estratégicas da empresa.

d. Gerenciar pessoas para motivá-las a se esforçar no trabalho.

e. Agregar conhecimentos e experiência para a realização das tarefas.

7 ORIENTAÇÃO DE CARREIRA

PARA COMEÇAR

Abordaremos neste capítulo a motivação e a desmotivação profissional dentro da organização, e a importância da orientação no processo da carreira, como o autoconhecimento para conseguir ferramentas necessárias na qualificação profissional e pessoal.

Um dos fatores que mais influenciam a queda de rendimento, o surgimento da frustração e a rotatividade nas organizações é a insatisfação com carreira, cargo ou profissão.

Um profissional desmotivado tende a render cada vez menos, fugir de compromissos com as metas e os resultados da organização, podendo também gerar problemas de relacionamentos com colegas de trabalho e clientes.

Percebendo que a "inadequação" profissional é responsável por vários problemas, as empresas têm investido em ações que visam orientar seus profissionais no sentido de ajudá-los a perceber suas qualidades e fraquezas, verificar possibilidades de utilização de suas potencialidades e apoiar em caso de transições ou readequações profissionais.

7.1 Importância do autoconhecimento

Um dos pontos mais importantes de todos os formatos encontrados pelas organizações para orientar a carreira de seus talentos é a oportunidade de proporcionar o autoconhecimento da pessoa.

A autoavaliação costuma ser o primeiro passo de processos de orientação, no qual se dispõe de ferramentas para que a pessoa consiga avaliar tanto suas qualificações profissionais quanto suas características pessoais.

Essa etapa é importante, pois, independentemente do plano de ação que será tomado ao fim do processo, o autoconhecimento permitirá que o profissional tenha um entendimento mais aprofundado de sua personalidade, suas competências e suas potencialidades. Isso é um recurso valioso para o exercício eficaz de qualquer tipo de atividade.

Entre as táticas utilizadas para que o profissional consiga se conhecer, estão entrevistas com líderes e colegas de trabalho, testes psicológicos, questionários relativos à personalidade e às atividades desempenhadas e até a participação do profissional em sessões de terapia.

Serão relacionados a seguir os principais temas que essas reflexões produzem:

a. visão de mundo e perspectivas quanto ao futuro;

b. identificação das características que a pessoa admira em si mesma;

c. identificação do que traz prazer, alegria e felicidade no trabalho e no cotidiano;

d. identificação de fraquezas, potencialidades e pontos de melhoria;

e. quais são os objetivos de vida, as crenças e os valores da pessoa;

f. sentimento em relação ao trabalho atual, importância e significado;

g. formulação de metas em relação aos objetivos para a vida e a carreira;

h. desenvolvimento de um plano objetivo e detalhado a ser seguido.

Espera-se que, ao fim do processo de busca pelo autoconhecimento, o profissional reconheça melhor suas virtudes em prol de sua carreira.

7.2 *Coaching* e *mentoring*

A expressão inglesa *coach* designava, durante a Idade Média, o ato de conduzir carruagens. Posteriormente passou a *coaching*, termo utilizado nas universidades estadunidenses, para indicar o papel de um tutor que orientava os alunos no estudo para as provas.

Atualmente, a expressão significa o processo de formação e desenvolvimento de um profissional por meio da orientação de um instrutor (*coach*), que pode ser um profissional especializado na função ou uma pessoa de confiança, como um gestor ou colega de trabalho mais experiente.

O processo de *coaching* envolve a utilização de técnicas de originadas em diferentes áreas como Administração, Psicologia, Programação Neurolinguística, Planejamento Estratégico, entre outras.

Já o termo *mentoring*, também originado da língua inglesa, quer dizer tutoria, apadrinhamento ou mentoria. Enquanto *coaching* corresponde ao trabalho de autoavaliação realizado junto a um profissional, o *mentoring* consiste no acompanhamento e na orientação de um profissional por outro mais experiente.

Outra diferença importante entre os processos de *coaching* e *mentoring* é referente à maneira como ocorrem as orientações. Enquanto no *coaching* o profissional orientado, também chamado de *coachee*, é estimulado a refletir a partir de questionamentos, no processo de *mentoring* a pessoa que está aconselhando oferece reflexões a partir de sua experiência.

Para que ambos os processos obtenham os resultados esperados, é preciso atenção aos seguintes aspectos:

a. estabelecer confiança genuína entre os envolvidos;
b. os programas devem conter cronogramas e etapas bem definidas;
c. elaborar metas plausíveis e possíveis de serem medidas;
d. ocorrer momentos de avaliação do andamento do processo.

7.3 Networking

Networking é uma palavra de origem inglesa, que significa "rede de relacionamentos". Entende-se por manter um bom *networking* a capacidade de estabelecer uma rede de contatos que possibilitem conectar pessoas, empresas e processos.

O *networking* é fundamental para a obtenção de parcerias, indicações e negócios tanto no âmbito empresarial quanto na carreira profissional.

Muitos profissionais conseguem manter sua visibilidade no mercado de trabalho e conquistar novas colocações profissionais por intermédio de suas redes de contatos.

Figura 7.1 - *Networking* é o ciclo de amizade que um profissional deve cultivar diariamente.

Entretanto, especialistas advertem que uma rede de relacionamentos consistente e duradoura só é possível se o profissional não adotar uma postura egoísta frente a essa ferramenta de contatos. Isso quer dizer que o profissional não deve lembrar de sua rede de *networking* apenas em momentos de dificuldade, pois isso costuma ser mal visto por seus pares e pode causar a inviabilização de indicações e contatos futuros. Quem age dessa maneira é visto como oportunista e egoísta.

Para criar e manter uma boa rede de relacionamentos, o profissional deve ter alguns tipos de comportamentos, entre eles: manter um contato frequente e genuíno com colegas atuais e ex-colegas de empresas, negócios e projetos; procurar ajudar; oferecer auxílio e orientação gratuita aos membros da sua rede; pensar de que maneira novas oportunidades também poderiam ser proveitosas para seus colegas, amigos e conhecidos; manter a rede informada de seus projetos e realizações sem se exceder em detalhes ou na frequência das atualizações; manter hábitos de educação como propor convites para encontros desse grupo; felicitar por aniversários, realizações e conquistas profissionais; participar de fóruns de discussões, associações e órgãos representativos de classe; e oferecer-se para contribuir com a sociedade, seja prestando serviços voluntários, seja dando palestras e mantendo o otimismo.

7.4 Plano de Desenvolvimento Individual

O resultado final dos processos de orientação de carreira é um plano de orientação ao profissional quanto às medidas que ele deve adotar para realizar as transformações necessárias que foram percebidas e, ao mesmo tempo, potencializar os aspectos positivos de sua personalidade e desempenho.

Um bom plano de desenvolvimento individual consegue abordar questões importantes para todo tipo de profissional, entre elas: comunicação, relacionamento interpessoal, adequação ao cargo ou função, relacionamento com as lideranças, *networking* e, principalmente, competências que devem ser desenvolvidas.

Para que o Plano de Desenvolvimento Individual (PDI) não se torne apenas um documento bem-intencionado, mas sem muita utilidade prática, algumas ações devem ser tomadas, como o detalhamento das percepções quanto ao que precisa ser modificado, o plano de ação para a obtenção dos resultados desejados e, principalmente, um cronograma de etapas e metas que deverão ser perseguidas com interesse e motivação.

Um fator que contribui para que o PDI não seja abandonado a partir dos primeiros desafios de implementação consiste no profissional manter contato com conselheiros que acompanhem o seu desenvolvimento e possam orientá-lo e motivá-lo em momentos de dificuldade.

Muitas empresas têm percebido que o PDI pode ajudar profissionais de todos os níveis, principalmente aqueles que ocupam cargos de liderança, pois essa ferramenta pode auxiliar de maneira decisiva os profissionais que estão iniciando na função de líder ou aqueles que estão enfrentando dificuldades, seja nos relacionamentos com comandados ou no desempenho diário.

> **LEMBRE-SE**
>
> O PDI só se tornará uma importante ferramenta de transformação se o profissional estiver realmente interessado e motivado em se conhecer, identificar oportunidades e se aperfeiçoar.

7.5 Motivação

Originada da expressão em latim *movere*, o termo **motivação** expressa o movimento de um organismo em direção a um objetivo. Entre os inúmeros impulsos psicológicos que movem a vida, a motivação é certamente um dos mais importantes.

A motivação é necessária para praticamente tudo o que se faz diariamente, como levantar da cama, ter disposição para trabalhar, ter interesse em empenhar-se em um relacionamento amoroso ou amizade etc. Trata-se de um recurso psicológico fundamental para a vida.

Quando falta motivação em relação a algo, a pessoa perde o interesse por aquilo em que está envolvida e tende a abandonar o que já foi objeto de atenção, ou diminuir consideravelmente seus esforços e vínculos.

Assim como a motivação pode ser propulsora para uma carreira de sucesso, a falta dela também pode representar um baixo desempenho na função, problemas de relacionamento, desinteresse pelo trabalho ou pela empresa e, em casos mais graves, até o surgimento de quadros de depressão ou a ocorrência de acidentes de trabalho em virtude da diminuição da atenção.

7.5.1 Conceitos sobre motivação

A motivação é um assunto muito estudado por psicólogos e administradores, seja porque ela é um impulso que leva as pessoas a tomarem a frente de suas vidas, seja porque é condição fundamental para o sucesso de um profissional. A motivação é um tema que nunca sai de moda.

A Psicologia tem interesse em estudar de que maneira os fatores motivacionais, internos e externos, influenciam para que a pessoa se comporte de determinada maneira e por qual razão age de maneiras diferentes em algumas situações ou contextos ambientais.

Já para os estudiosos da Administração de Empresas e Gestão de Pessoas, entre os vários temas ligados à motivação, dedica-se maior esforço na compreensão dos motivos que levam o trabalhador a ter satisfação com seu cargo e sua função, contentamento com colegas de trabalho e líderes e, principalmente, os fatores que o fazem produzir mais e com mais qualidade.

Os estudos sobre os processos motivacionais apontam que a motivação deriva da junção de vários fenômenos físicos e também psicológicos. Emoções, fatores sociais e questões biológicas somam-se para produzir impulsos que mobilizam (ou não) a tomada de ações e pensamentos de maneira atuante e assertiva.

Despertando o interesse das pessoas comuns, a motivação é retratada em filmes, canções e livros como a mola impulsionadora que leva os indivíduos a atingir seus objetivos, superando adversidades, descrenças e até mesmo inseguranças.

Será visto a seguir que essa visão sobre o que é motivação não está errada, entretanto, esse impulso que move as pessoas é mais complexo do que parece. Mesmo assim, é compreensível e totalmente alcançável como recurso interno, que todos podem acessar para melhorarem a produtividade e as relações de trabalho.

7.5.2 Motivação intrínseca × motivação extrínseca

Também identificada como automotivação, a motivação intrínseca corresponde àquilo que internamente move as pessoas, as excita, desperta interesse, vontade de agir e mover-se ou participar de algo.

Essa força interior que direciona a atenção e a energia é organizada a partir de necessidades e interesses que geram tensões psicológicas, que devem ser aliviadas a partir da realização dos interesses ou atendimento das necessidades. O ser humano possui várias necessidades físicas e psicológicas que devem ser supridas e que o movem à ação.

Por exemplo, a atenção e o interesse de uma pessoa no trabalho ou em outro assunto qualquer ficam fortemente prejudicados se ela está com muita fome, sono ou dor. Portanto, a motivação da pessoa será direcionada aos impulsos de saciar sua necessidade, ao passo que a obrigação de executar o trabalho vai competir fortemente com tais impulsos.

Especialistas em recursos humanos costumam sugerir que uma das técnicas que os profissionais podem adotar para melhorar a motivação em relação ao trabalho é detectar quais são os pontos fortes de desempenho e investir no aperfeiçoamento dessas competências.

Já a motivação extrínseca corresponde aos aspectos externos ao indivíduo que influenciam a sua motivação. Cabe aqui lembrar que cada indivíduo possui interesses, necessidades e vontades diferentes dos demais e que, ao mesmo tempo, podem variar de acordo com a situação, o contexto ou o momento. Portanto, pode-se relacionar uma série sem fim de motivações que levam os indivíduos a agirem de maneira positiva ou negativa. Ainda assim, para compreender o que realmente motiva uma pessoa específica, cabe somente a ela, às pessoas de seu convívio ou a um especialista, como um psicólogo ou terapeuta, explicarem.

Alguns fatores costumam motivar as pessoas: a opinião de outras pessoas, recompensas financeiras, *status* social, benefícios ou vantagens, garantias de segurança física ou econômica e a satisfação de necessidades fisiológicas.

7.5.3 Principais teorias motivacionais

A motivação é estudada por várias ciências sociais, como Antropologia, Sociologia, Pedagogia e Filosofia. No campo da Psicologia, também existem diferentes abordagens que procuram entender e explicar esse importante fenômeno.

Para os teóricos behavioristas (comportamentais), em especial B. F. Skinner, o comportamento é determinado a partir de suas consequências. Se a pessoa apresenta um comportamento que gere resultados positivos para ela, a tendência é de que ela torne a repeti-lo e gere um ciclo de repetições nas quais ela tentará conquistar os benefícios iniciais.

O psicólogo alemão Kurt Lewin (1890-1947) apresentou uma proposta de abordagem que explica a motivação como resultado da relação entre o indivíduo e o ambiente. Para ele, existia uma relação de forças internas (necessidades) e externas (objeto da ação) que fazem com que o indivíduo desperte, ou não, a motivação para agir ou comportar-se.

108 PSICOLOGIA COMPORTAMENTAL

Outro psicólogo, Abraham Maslow, apresentou o que se tornou a teoria mais conhecida, aceita e utilizada para entender e explicar como ocorre o processo motivacional. Maslow desenvolveu o que ficou conhecido como a Pirâmide das Necessidades. Nessa perspectiva, todo ser humano teria um conjunto de necessidades físicas, sociais e psicológicas que impulsionam as pessoas a agir para suprir carências.

Maslow agrupou as necessidades que motivam da seguinte forma:

a. necessidades fisiológicas;
b. necessidades de segurança;
c. necessidades de amor e de relacionamentos;
d. necessidades relacionadas à estima;
e. necessidades de realização pessoal.

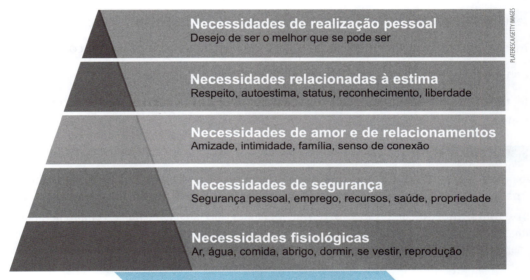

Figura 7.2 - Pirâmide das Necessidades de Marlow.

Segundo Maslow, à medida que se atende a um grupo de necessidades, fica-se pronto para tomar ações que levem a suprir outras.

7.5.4 Satisfação e envolvimento no trabalho

Desde os primeiros estudos, ainda no surgimento da Era Industrial, muitos teóricos, gestores de empresas e líderes têm se ocupado em compreender que fatores determinam a satisfação e a motivação do indivíduo no ambiente de trabalho.

Compreender como funciona a motivação do trabalhador é importante sob diversos aspectos. Obviamente, o aumento da produtividade é o mais destacado deles, entretanto, espera-se que, ao encontrar mecanismos que ajudem a pessoa a se sentir motivada, também se obtenham ganhos com maior satisfação do trabalhador em relação às suas tarefas e aos seus relacionamentos profissionais, diminuição dos índices de faltas, de atrasos, de pedidos de afastamento ou dispensa e até redução no número de acidentes de trabalho. A máxima já revela que a pessoa feliz trabalha mais e melhor.

Os principais resultados em relação ao que motiva uma pessoa em seu trabalho podem ser resumidos da seguinte maneira:

a. sentir-se útil, eficaz e capaz de utilizar suas qualidades no trabalho;

b. ser capaz de manter uma alta dose de envolvimento e interesse;

c. manter a organização e o foco para não afetar o rendimento;

d. desenvolver e poder aplicar diferentes habilidades e capacidades;

e. receber feedbacks sinceros e construtivos por parte dos líderes;

f. ter autonomia/autoridade para tomar decisões sobre aquilo que faz;

g. sentir que está progredindo nas atividades e na carreira;

h. saber administrar e lidar com o estresse e com a pressão cotidiana;

i. ter uma vida feliz fora do trabalho, o que impactará na atividade profissional;

j. manter um bom relacionamento com colegas de trabalho e, principalmente, com os líderes;

k. conseguir visualizar perspectivas positivas quanto ao futuro profissional;

l. ter uma boa autoestima, aprender com os próprios erros, manter o otimismo, o bom humor e a resiliência diante das dificuldades.

FIQUE DE OLHO!

Nos dias atuais, além da qualificação, o diferencial é percebido por meio da atitude, do envolvimento e do comprometimento dos profissionais envolvidos com a empresa.

Para mais informações sobre o tema, leia o artigo *Envolvimento e comprometimento: duas "ferramentas" humanas imprescindíveis!*, disponível em: <http://www.administradores.com.br/artigos/marketing/envolvimento-e-comprometimento-duas-ferramentas-humanas-imprescindiveis/21923/>. Acesso em: 9 fev. 2020.

7.6 Empoderamento

Um dos fatores que levam à desmotivação de uma pessoa no ambiente profissional é a ausência de autoridade ou autonomia na realização de suas atividades cotidianas.

Tão importante quanto a competência técnica e o bom relacionamento com os colegas para a satisfação profissional, a sensação de ter autonomia para fazer ou decidir o que for preciso é vital para manter a energia de um trabalhador frente aos desafios enfrentados diariamente.

Muitos já presenciaram ou vivenciaram no trabalho a frustração de lidar com uma situação na qual o funcionário não possui liberdade ou autoridade para tomar decisões que facilitem o seu trabalho e resolvam questões importantes para o cliente.

É preciso saber quais são as implicações dessa falta de empoderamento, que motivos levam as empresas a tolher a iniciativa e a autonomia de seus profissionais e o que pode ser feito para que esse tipo de problema seja resolvido antes que se torne outro fator de desmotivação, baixa produtividade e insatisfação por parte dos clientes.

7.6.1 Definições e características do empoderamento

Empowerment (empoderamento) tem sido um tema bastante estudado tanto pela Administração quanto por outras disciplinas como Psicologia, Sociologia e Filosofia. O termo significa atribuir poder ou autoridade a alguém e, em Administração, o significado mais específico é o de descentralizar poder.

Para a Psicologia, o processo de empoderamento corresponde à ação de delegar poder e dar autonomia aos indivíduos, tornando-os agentes responsáveis pelo seu desempenho e desenvolvimento e, com isso, aumentando a satisfação deles em relação às suas atividades.

Entre as várias características que definem o processo de empoderamento, pode-se citar: maior agilidade na resolução de problemas, aumento da flexibilidade e de possibilidades de ações e decisões, maior participação e engajamento de todos os envolvidos nos processos, maior eficácia na comunicação interna, e aumento da satisfação do trabalhador.

Dentro das organizações, o movimento de *empowerment* tem sido bastante difundido em virtude da possibilidade de agilizar os processos burocráticos, diminuindo, dessa maneira, o tempo gasto para tomar decisões e resolver problemas que afetem os clientes e tragam prejuízos para a empresa.

Esse processo pode se dar tanto no nível individual como também nas relações coletivas. Ou seja, a empresa pode verificar quais aspectos das atividades cotidianas devem serem revistos, a fim de proporcionar mais autonomia para os funcionários, assim como o trabalho em conjunto também pode ser alvo do processo de empoderamento. Equipes capacitadas e emocionalmente maduras, que trabalham de maneira integrada e com foco na obtenção de melhores resultados, também podem se valer das ações de empoderamento no ambiente organizacional.

As decisões coletivas correm o risco de ser demoradas, entretanto, quando bem orientadas, tendem a ser mais assertivas e até criativas do que as soluções pensadas individualmente.

7.6.2 Etapas para os processos de empoderamento

Apesar de a ideia do empoderamento no ambiente de trabalho ser interessante, ela não chega a ser consenso e muito menos consegue ser aplicada em todas as empresas. Isso ocorre por diversos motivos, como a falta de tradição da forma de administrar empresas no país, que ainda carregam muito da ideia de que, para o bem da empresa, todas as decisões devem passar pelo olhar atento do dono do negócio, além do despreparo, ou desinteresse, de muitos profissionais em lidar com autonomia e responsabilidade durante a execução de suas tarefas.

Para que o processo de empoderamento aconteça de maneira plena e eficaz, além da conscientização e convencimento daqueles que lideram e detêm o poder dentro da organização, os passos a serem seguidos devem ser:

a. capacitação e orientação de todos que serão envolvidos no processo;

b. desenvolvimento de uma cultura organizacional que tolere erros;

c. criação de uma confiança mútua entre líderes e colaboradores;

d. alinhamento do processo em relação aos objetivos da organização;

e. elaboração de critérios, normas e metas que devem serem seguidas;

f. determinação de ciclos avaliativos para realizar correções necessárias.

É importante lembrar de que o empoderamento vai muito além da simples autorização para que os funcionários tenham um pouco mais de autonomia. Para que esse processo tenha sucesso e se perpetue, é necessário que os funcionários "comprem a ideia" e estejam preparados para as consequências de terem mais autoridade sobre suas tarefas. Com isso, espera-se obter mais satisfação e comprometimento em relação ao trabalho e à organização.

7.6.3 Autonomia e autoridade

Muitas vezes, o entrave inicial para a implantação de processos de empoderamento consiste na resistência que os líderes apresentam diante dessa nova estratégia gerencial.

Isso acontece porque, geralmente, esses profissionais passaram toda a sua carreira em ambientes nos quais o poder era centralizado em poucas pessoas, sinônimo de *status* e eficiência. Juntamente com essa crença de que para a empresa produzir com eficiência se faz necessário o controle centralizado e detalhado de todos os processos, muitos líderes também têm um medo, não assumido, de que o *empowerment* pode tirar-lhes poder, visibilidade junto aos gerentes/diretores e até mesmo serem considerados "ultrapassados" por funcionários que se destaquem quando lhes dada mais autonomia.

Outros aspectos que atrapalham esse processo são a crença de que somente os líderes são capazes de conduzir e avaliar os trabalhos detalhadamente e a falta de confiança de que seus colaboradores sejam capazes de lidar com mais autonomia e responsabilidades.

Existem várias etapas que a empresa precisa organizar para conseguir estabelecer o *empowerment* de maneira eficiente. Porém, talvez a mais importante delas seja a conscientização das lideranças quanto às características e vantagens do processo de empoderamento.

Sabendo da dificuldade de vencer essas barreiras psicológicas iniciais, muitas empresas têm adotado diferentes estratégias para convencer e mobilizar seus líderes a abraçar e participar da implementação dessa estratégia.

Algumas organizações oferecem, além de oficinas e treinamentos de capacitação sobre o assunto, orientação de consultores externos que irão conduzir o processo de implantação e aconselhamento dos líderes. Outras oferecem bonificações e oportunidades de promoções para as equipes que obtenham melhoras nos resultados.

7.6.4 Empoderamento no ambiente de trabalho

Existem algumas estratégias que são utilizadas com mais frequência para a implementação do *empowerment* no ambiente profissional. Entre elas, destacam-se:

a. **Delegação total:** é quando ocorre a transferência de responsabilidade e autonomia de maneira integral para somente uma pessoa.

b. **Delegação assertiva:** consiste em avaliar cuidadosamente quem possui habilidade, competências e interesse real em desempenhar determinada autonomia.

c. **Delegação de poder:** o funcionário deve ter autonomia para fazer determinada tarefa, mas também autoridade e responsabilidade para realizá-la da forma que julgar ser a mais adequada.

d. **Delegação consciente:** o funcionário deve ter clareza sobre suas tarefas, metas e responsabilidades. Para isso, a comunicação deve funcionar de maneira franca, simples e objetiva.

e. **Delegação retro-orientada:** significa que as experiências acumuladas durante o processo de *empowerment* devem ser acumuladas e disseminadas para consolidar boas práticas e evitar problemas.

f. **Delegação bonificada:** à medida em que o processo de *empowerment* se consolida, é importante que os melhores desempenhos sejam apreciados, divulgados e premiados. Além de difundir o que está ocorrendo de melhor na organização, isso também aumenta a satisfação dos trabalhadores frente à sua nova realidade.

Assim como é importante conscientizar os líderes quanto à importância do *empowerment* para o sucesso da organização, os colaboradores também devem enxergar esse processo como uma abertura de oportunidades.

7.7 Clima organizacional

Como visto anteriormente, os aspectos que interferem no interesse e na motivação dos trabalhadores são variados e, muitas vezes, distintos de um trabalhador para o outro.

Ao conjunto desses fatores convencionou-se dar o nome de clima organizacional. Essa estratégia de avaliação do nível de satisfação dos trabalhadores tem sido aperfeiçoada nos últimos anos e utilizada cada vez mais como ferramenta para definir estratégias para intervenção no ânimo da força de trabalho e definição de formas de motivar e obter maior produtividade.

Esse assunto tem ganhado tanta importância que, atualmente, é comum conhecer pessoas que trabalham em empresas que fazem questão de participar de premiações, as quais destacam as organizações que conseguem criar os melhores climas organizacionais.

Os chamados prêmios de "melhor empresa para se trabalhar" tem sido motivo de orgulho e propaganda para atrair novos talentos.

7.7.1 Características do clima organizacional

Para entender melhor como ocorre a formação do clima organizacional, é importante ter em mente as seguintes questões: o clima diz respeito diretamente ao ambiente/condições de trabalho; as percepções sobre os fatores que influenciam o clima costumam variar de indivíduo para indivíduo; o comportamento e o desempenho dos trabalhadores costumam ser fortemente influenciados pelo clima da organização; as percepções sobre o clima organizacional também podem variar dependendo da época, contexto ou liderança sob a qual está submetido o trabalhador.

Entre os aspectos mais estudados para o entendimento de como o clima organizacional influencia a motivação e o desempenho profissional, estão:

a. a forma como a **liderança** é percebida pelos funcionários, isto é, como se dão as relações interpessoais envolvendo chefes e comandados, o estilo de liderança adotado, o comprometimento do líder com o desenvolvimento dos funcionários e a forma como a comunicação e a orientação são feitas;

b. os **recursos** que a empresa disponibiliza para o exercício da função. Questões como estrutura física, conforto no ambiente de trabalho, recursos materiais e financeiros costumam determinar essa percepção;

c. as **oportunidades** de crescimento na empresa e desenvolvimento de habilidades e capacidades. Os funcionários costumam dar maiores notas nesse quesito para empresas que possuem programas sérios de treinamento e desenvolvimento e que oferecem oportunidades de promoção, aumento salarial, bolsas de estudo e trabalho no exterior;

d. a forma de **bonificação** e as estratégias de **remuneração** também são importantes na avaliação do clima. Empresas que pagam abaixo da média e oferecem poucos benefícios costumam ser mal avaliadas;

e. relações interpessoais na empresa. Manter boa relação com colegas e chefia ajuda na motivação e satisfação.

7.7.2 Consequências do clima organizacional

As empresas têm consciência de que melhorar o clima organizacional costuma render melhoras em diversos aspectos, como: aumento da satisfação dos trabalhadores; maior engajamento com os objetivos da empresa; menor rotatividade e absenteísmo (faltas e atrasos); maior produtividade e melhora na imagem institucional da empresa frente ao mercado de trabalho.

Outra consequência que um clima ruim produz e que se tem tentado evitar são as reclamações trabalhistas. Empresas que ainda permitem que lideranças utilizem estratégias de assédio moral para forçar seus trabalhadores a produzirem mais estão tendo que rever seus conceitos em virtude dos consequentes prejuízos causados por processos por danos morais. Ao intervir no clima organizacional, as empresas procuram evitar esse tipo de reclamação e, ao mesmo tempo, orientar a conduta de seus comandantes.

> **LEMBRE-SE**
>
> A reclamação trabalhista é a forma que o profissional tem para buscar seus direitos na Justiça do Trabalho.

O clima organizacional também tem forte impacto em vários aspectos da produtividade. Questões como qualidade dos produtos produzidos ou serviços prestados, perdas, desperdícios e necessidade de retrabalho são questões que tendem a ser amenizadas ou consideravelmente reduzidas quando se tem um bom clima para se trabalhar. Como visto ao longo dos estudos sobre a psicologia do comportamento, um trabalhador feliz e motivado tende a produzir melhor e ter mais comprometimento com o seu trabalho.

Um último aspecto que deve ser considerado sobre as influências do clima organizacional no o cotidiano de uma empresa refere-se à questão da criatividade e da inovação. Sabe-se que, além de investimento em produção e tecnologia, as empresas estão cada vez mais interessadas em atrair e reter talentos que possam oferecer ideias e soluções para novos produtos/serviços e resolver problemas atuais da organização. Porém, isso normalmente só se encontra em ambientes em que as pessoas se sentem motivadas e envolvidas com o trabalho. Ambientes em que o clima é ruim tendem a desmotivar as pessoas e a causar acomodação ou incentivar que os mais talentosos busquem oportunidades em empresas mais preocupadas com essa questão.

7.7.3 Pesquisa de clima organizacional

Existem diversas metodologias de organização de pesquisas que mensuram o clima em uma organização. Algumas empresas optam por desenvolver soluções internas, criadas e administradas por seus líderes e pela equipe de recursos humanos. Outras preferem contar com o apoio de consultorias especializadas que darão o devido suporte, desde a formatação da pesquisa até sua aplicação, tabulação e devolutiva.

Entre os formatos disponíveis no mercado de pesquisas de clima organizacional, encontram-se desde soluções que envolvem entrevistas pessoais com líderes e colaboradores, até o uso de formulários eletrônicos pela internet, passando pela metodologia mais consolidada, a utilização de questionários em papel no qual as pessoas respondem às questões de maneira anônima.

Entre todas as metodologias e formatos, os temas mais recorrentes abordados dizem respeito a:

a. infraestrutura e condições de trabalho;

b. salário, benefícios e gratificações;

c. nível de autonomia para a execução das tarefas;

d. desafios que motivem o autodesenvolvimento;

e. cooperação entre indivíduos e departamentos;

f. relações interpessoais e intergrupais;

g. forma como os conflitos são mediados e resolvidos;

h. organização de processos e burocracia;

i. comunicação de mesmo nível e de cima para baixo;

j. sentimento de compartilhar dos mesmos valores da empresa;

k. percepção de que a empresa oferece oportunidades de crescimento;

l. identificação com a empresa e com as atividades desenvolvidas.

De nada vale implantar uma pesquisa de clima organizacional se a empresa não estiver realmente disposta a ouvir as demandas dos funcionários e mexer em questões que interferem diretamente no clima organizacional.

AMPLIE SEUS CONHECIMENTOS

A elaboração do questionário

Essa é uma das etapas mais importantes de todo o processo da pesquisa de clima organizacional. É a partir da coleta por meio do questionário que todos os dados necessários para análise virão, então, lembre-se dos objetivos elencados anteriormente e baseie-se neles para elaborar as perguntas do questionário.

Defina a maneira com que sua pesquisa de clima será feita. Pense em aspectos como o jeito com que a pesquisa será comunicada e a maneira com que será redigida: se o público envolve colaboradores de nível operacional, por exemplo, certifique-se de que a linguagem do instrumento de coleta está adequada e compreensível.

Um bom questionário de pesquisa de clima pode ter algumas características:

▸ introduz a pesquisa e dá as instruções necessárias para seu preenchimento no início do questionário;

▸ tem perguntas claras, objetivas e de fácil entendimento para o respondente;

▸ segue uma ordem lógica nas perguntas;

▸ separa as perguntas por temas em blocos, facilitando para o respondente assimilar o assunto abordado naquele momento;

▸ tem a maioria das perguntas fechadas (como as de múltipla escolha), mas abre um espaço qualitativo em algumas para que o colaborador possa realmente passar sua percepção na pesquisa;

▸ preza apenas pelas perguntas necessárias (aqui entra a importância de basear-se nos objetivos geral e específicos!);

▸ não é visualmente desagradável aos olhos dos respondentes, ou seja: as perguntas não estão dispostas umas em cima das outras, com fontes muito pequenas e que não possibilitam fácil leitura.

Acesse os links <http://j.mp/2uwue78> e <http://j.mp/2ScjuDW> e veja modelos de questionários de pesquisa de clima organizacional. Acesso em: 9 fev. 2020.

7.7.4 Estratégias para interferir no clima organizacional

As maneiras encontradas pelas empresas para interferir nas questões que compõem o clima interno são as mais variadas e, por vezes, as mais curiosas possíveis. Cada empresa, dentro da sua realidade e possibilidades, procura criar estratégias que atendam às necessidades expostas nas pesquisas de clima. A seguir, são apresentadas algumas estratégias:

a. oferecimento de benefícios inovadores e a possibilidade da flexibilização de alguns. Empresas têm atraído a atenção dos possíveis novos funcionários e aumentado a satisfação dos atuais ao oferecer academias internas, creches para filhos de funcionários, cursos para parentes de funcionários, bolsas de estudos integrais, aumento nos dias de férias e licenças-maternidade/paternidade, possibilidade da realização de períodos sabáticos etc. Outras empresas preferem deixar o funcionário escolher, entre algumas opções, quais benefícios prefere ter e de que maneira isso acontecerá;

b. criação de um clima mais descontraído e informal. Há algum tempo, muitas empresas abandonaram a "obrigação velada" do uso de terno no ambiente de trabalho, outras adotaram o "estilo Google" para remodelar seus escritórios e outras, ainda, permitiram que os funcionários levassem para empresa bichos de estimação e objetos de decoração;

c. possibilidade de realizar o trabalho à distância, todos os dias ou em alguns dias específicos. Esse foi outro meio encontrado por muitas empresas para aumentar a motivação e diminuir desperdícios, atrasos e baixo rendimento em função do trânsito caótico de muitas cidades;

d. maior integração entre os departamentos e os funcionários viraram palavras de ordem nas empresas que procuram melhorar o seu clima interno. Festas de confraternização, cafés com diretores/donos, atividades fora da empresa como passeios ou torneios esportivos e atividades internas visando o envolvimento são cada vez mais comuns.

//// VAMOS RECAPITULAR?

Neste capítulo, aprendemos a importância do autoconhecimento, o plano de desenvolvimento individual e os conceitos básicos sobre motivação. Também foram apresentados os conceitos de *coaching*, *mentoring*, *networking* e *empowerment*.

AGORA É COM VOCÊ!

1. As empresas têm procurado ajudar seus colaboradores a gerenciar melhor suas carreiras. Entre as técnicas utilizadas encontra-se o *coach*. O que isso significa?

a. Estratégia de confrontar o profissional com o desempenho de outros.

b. Etapa anterior ao treinamento, na qual se verifica o rendimento atual.

c. Processo de acúmulo de experiências por meio de treinos e cursos.

d. Processo de formação e desenvolvimento de um profissional por meio da orientação de um instrutor.

e. Processo de formação da consciência do profissional sobre sua responsabilidade quanto ao desempenho da empresa.

2. Existem, fundamentalmente, dois tipos de motivação: a intrínseca e a extrínseca. Como a extrínseca pode ser explicada?

a. São os assuntos internos que são de foro íntimo da pessoa somente.

b. São os detalhes técnicos que formam o desempenho profissional.

c. São os aspectos externos ao indivíduo que influenciam a sua motivação.

d. São as características que diferenciam uma pessoa da outra.

e. São os detalhes de personalidade que ajudam no entusiasmo e na energia.

ORIENTAÇÃO DE CARREIRA

3. A expressão *empowerment* representa uma tentativa de alterar a relação de forças dentro do ambiente de trabalho. Pode-se explicar a expressão como:

   a. dividir tarefas, elaborar estratégias e compartilhar resultados.

   b. atribuir nomenclaturas que ressaltem o poder e a influência da pessoa.

   c. compartilhar informações, distribuir funções e cobrar resultados.

   d. atribuir poder ou autoridade a alguém e, em Administração, o significado mais específico é descentralizar poder.

   e. responsabilizar as pessoas por suas atitudes e desempenho..

4. A pesquisa de clima organizacional representa uma grande oportunidade de compreender a percepção dos funcionários sobre a empresa, as condições de trabalho e as relações internas. Nessas avaliações, mede-se a satisfação em relação à:

   a. infraestrutura de comunicação, condições de acesso às informações, relação com fornecedores e oportunidades de melhorias.

   b. estrutura física das empresas, benefícios opcionais, desafios e lideranças.

   c. alimentação gratuita, quadras esportivas, horários flexíveis e lideranças.

   d. infraestrutura, salário, autonomia, desafios, relacionamentos, liderança, comunicação e oportunidades.

   e. estrutura dos processos internos, benefícios flexíveis e oportunidades de treinamentos.

5. Quando ocorrem divergências e conflitos nas relações interpessoais, os resultados podem ser:

   a. animosidades, curiosidade excessiva, automotivação e euforia.

   b. distanciamento, interação, integração, exasperação e confronto.

   c. hostilidade, desconfiança, desmotivação, queda de rendimento etc.

   d. conscientização, conformidade, rivalidade, exaltação e discordância.

   e. agressividade, desconforto, expectativa, aproximação e cooperação.

8

COMUNICAÇÃO

PARA COMEÇAR

Neste capítulo, estudaremos a importância da comunicação na vida do indivíduo desde o seu nascimento e que vai sendo aprimorada no decorrer de seu desenvolvimento e evolução dentro da sociedade.

Comunicar é uma capacidade cognitiva que foi desenvolvida desde os primeiros dias de vida do indivíduo e que é aprimorada ao longo do desenvolvimento e interação com outras pessoas.

Conseguir comunicar-se com clareza e persuasão é uma capacidade muito importante para qualquer tipo de profissional. Independentemente da área de atuação, é cada vez mais comum perceber profissionais que se destacam nem sempre pela competência técnica, mas, principalmente, pela habilidade de vender ideias, fazer parcerias, solucionar dúvidas e apresentar soluções.

Não que as capacidades técnicas tenham perdido espaço ou importância no ambiente profissional, porém, deve-se lembrar que as empresas são feitas de pessoas que interagem, valorizam e apoiam aquelas que costumam ter mais carisma, que são mais persuasivas e que possuem mais contatos no ambiente organizacional.

Não se trata de julgar se isso é justo ou injusto, mas é apenas uma constatação de como a comunicação pode influenciar o sucesso.

8.1 Processo de comunicação

Diferentes campos das ciências estudam e explicam, de variadas maneiras, como se dá o processo de comunicação e seus desdobramentos. A seguir, a comunicação será abordada sob a ótica da Psicologia e da Gestão de Pessoas.

O termo "comunicar" é entendido com o ato de transmitir ou receber uma mensagem. Porém, ao nos debruçarmos sobre as etapas que envolvem o processo de comunicação, percebe-se que o significado pode ir além dessa explicação.

De maneira geral, existem alguns elementos comuns em todo ato de comunicação.

a. **Emissor:** é quem inicia o processo de comunicação, emitindo uma mensagem contendo informações e/ou instruções com destino ao receptor.

b. **Receptor:** é a quem se destina a mensagem, quem recebe o que foi transmitido, decodifica os sinais e formula um entendimento do que deve ser compreendido ou das ações que devem ser executadas.

c. **Mensagem:** é aquilo que se pretende transmitir. Pode ser a informação de um fato, a transmissão de um conceito ou ideia, a expressão de uma emoção, uma orientação ou a atenção para um determinado comportamento.

d. **Canal:** refere-se à maneira encontrada pelo emissor para transmitir a mensagem. Pode ser uma ferramenta tecnológica, como o celular; um formato de mídia, como jornal, televisão ou rádio; uma placa; uma carta; pode acontecer de maneira falada ou de forma escrita etc.

Além desses aspectos, para que uma comunicação seja eficiente e produza os resultados esperados, deve-se ater a questões como interferências que podem atrapalhar a comunicação, disponibilidade de tempo e emocional dos envolvidos, entendimento da mensagem, linguagem corporal etc.

8.2 Comunicação não verbal

As pessoas se comunicam de diferentes formas e intensidades. Engana-se quem pensa que a forma mais eficaz de se comunicar é por meio da linguagem oral. Estudos apontam que as palavras, apesar de significativas, representam um pequeno percentual na importância e atenção que se dá a um assunto e, principalmente, no quanto será retido da informação.

Questões como tom de voz utilizado, expressões faciais e corporais costumam representar grande influência na maneira como se lida com as conversas e informações do cotidiano. Por exemplo, mesmo que a pessoa esteja executando algo importante para a empresa, é bem capaz que sua atenção e seus esforços sejam momentaneamente redirecionados para outro assunto solicitado pelo seu chefe, dependendo da forma como ele fez o pedido, que expressões faciais ele utilizou e que gestos enfatizaram a importância da nova tarefa.

A linguagem corporal ou comunicação não verbal ocupa, portanto, grande importância nas interações diárias. Diversos livros têm sido escritos nos últimos anos com o objetivo de esclarecer como ocorrem as comunicações corporais e de que maneiras se pode lidar com elas.

A linguagem corporal advém do processo de evolução e representa a manifestação de instintos, hábitos comportamentais e, principalmente, conteúdos impressos no subconsciente.

Utiliza-se diferentes maneiras para se comunicar com o corpo, ainda que não se tenha essa intenção:

a. olhos, boca e gestos faciais expressam inúmeros sentimentos e sensações;

b. pernas, mãos e troncos também demonstram concordância, descontentamento ou interesse por algo ou alguém;

c. gestos como mover os cabelos, agitar os pés, coçar-se, entre outros, também expressam interesse, ansiedade, dúvida, medos etc.

//// **AMPLIE SEUS CONHECIMENTOS**

Para saber mais sobre como gestões, expressões faciais ou corporais, entre outros aspectos, podem influenciar positiva ou negativamente durante a comunicação, recomenda-se a leitura do livro *O corpo fala: a linguagem silenciosa da comunicação não verbal*, de Pierre Wiel e Roland Tompakow (Editora Vozes, 74ª edição).

8.3 Canais de comunicação nas organizações

Alguns estudiosos sobre os processos de decisão dentro das organizações costumam dizer que quanto mais alto se está dentro da hierarquia de uma empresa, mais difícil é para saber realmente o que ocorre nos níveis operacionais e no contato direto com os clientes.

Isso geralmente acontece em função dos inúmeros "filtros" que são espontaneamente criados na organização, inicialmente com o propósito positivo de gerenciar adequadamente as informações, mas que, com o tempo, acabam por se transformar em verdadeiras máquinas destinadas a impedir que as notícias ruins cheguem aos diretores/donos da empresa.

A dificuldade em se comunicar com clareza, de maneira franca e obter informações precisas e condizentes com a realidade é um mal que afeta desde os níveis de diretoria, passando por gerência e lideranças e chegando ao nível operacional. É comum ouvir a reclamação por parte de funcionários que atuam nas linhas de frente de que a comunicação interna é deficitária, manipulada, de difícil acesso ou que demora muito para ser acessada.

Para lidar com esse tipo frequente de problema, as empresas têm procurado encontrar soluções das mais simples às mais inovadoras. O objetivo é garantir que a comunicação flua com liberdade e ofereça informações relevantes para a solução dos problemas cotidianos e a percepção de novas oportunidades:

a. estabelecimento de redes internas (intranet) para agilizar a comunicação e dotar os funcionários de espaços para solucionar rapidamente dúvidas frequentes ou problemas novos;

b. criação de periódicos em formato tradicional (jornal/revista) ou eletrônicos para atualizar todos sobre acontecimentos e orientações;

c. detecção imediata e esclarecimento imediato de boatos e fofocas;

d. reuniões informais periódicas para diminuir distâncias;

e. criação de comitês ou porta-vozes para orientar e sanar dúvidas;

f. manter uma agenda de eventos que informe os grandes objetivos;

g. participação efetiva e frequente dos líderes na comunicação interna.

COMUNICAÇÃO **121**

8.4 Barreiras no processo de comunicação

Para que a comunicação se concretize e realize os propósitos de quem a idealizou, é necessário que esse processo vença alguns obstáculos:

a. **Dificuldades de compreensão:** é quando o receptor não entende o que foi transmitido por dificuldades intelectuais, culturais ou de interesse no assunto, e também por motivos como linguagem cheia de termos técnicos, regionalismos, gírias ou estrangeirismos.

b. **Transmissão confusa:** às vezes, a maneira de expor ou transmitir uma ideia é feita de forma apressada ou intercalada por conceitos diferentes, interrupções constantes ou desordem no encadeamento das ideias. O resultado disso é uma confusão total e incompreensão da mensagem.

c. **Distrações:** ocorrem quando estímulos externos tiram a atenção/interesse do receptor durante a mensagem. Podem ser motivações intrínsecas ao receptor ou relativas ao ambiente.

d. **Presunção do tema:** é quando o emissor acredita que não precisa passar alguns dados porque o receptor já os têm ou o receptor deixa de dar atenção a algumas partes da mensagem por acreditar já compreender o assunto ou já dominar os detalhes.

e. **Envolvimento emocional:** o interesse sobre o assunto e a motivação para agir diante da tomada de conhecimento da mensagem dependem, em grande parte, das emoções que emissor e receptor demonstram durante a comunicação e como cada um sente, percebe e se envolve com o assunto que está sendo tratado.

f. **Credibilidade e distanciamento:** é preciso dar mais valor a informações passadas por pessoas em quem se confia ou em quem se enxerga como autoridade. Outro fator que afeta a qualidade da comunicação é a distância física entre os interlocutores. Apesar dos avanços tecnológicos, o tradicional "olho no olho" costuma ainda representar mais efetividade e envolvimento nas comunicações.

8.5 Gerações diferentes × interações de pessoas

A sociedade é formada e transformada por meio das interações das pessoas que a configuram. Nesse contexto, é de se esperar que muitas questões sejam fruto da visão de mundo de quem as considera importantes ou irrelevantes.

Cada geração possui características próprias que influenciarão essa visão do mundo. A seguir, é apresentado um panorama de como se formaram as gerações que compõem atualmente o mercado de trabalho e de que maneira essas percepções interferem nas relações humanas, nos comportamentos e no destino das organizações das quais essas pessoas participam.

Muitos atritos e problemas de relacionamento dentro das empresas ocorrem justamente em função da não compreensão ou intolerância de pessoas que não se dispõem a enxergar as questões sob a ótica de uma geração diferente da sua. Isso representa um conflito de valores, ideias, crenças, necessidades e expectativas. A sociedade e as empresas devem estar atentas a essas interações para evitar conflitos sérios e até casos de intolerância e violência, como se têm observado atualmente.

8.5.1 Geração *Baby Boomers*

Nascidos entre 1946 e 1964, os chamados *baby boomers* são resultado de profundas e rápidas mudanças nas sociedades ao redor do mundo. Essa época pós-Segunda Guerra Mundial ficou caracterizada por um grande crescimento da taxa de natalidade, fato que originou a expressão *boom* para designar os nascidos nesse período.

Foi uma época de grandes conquistas sociais e alterações nas relações sociais, trabalhistas e familiares. Questões como a utilização de métodos contraceptivos, a inserção maciça das mulheres no mercado de trabalho, as leis que estenderam direitos sociais e as mudanças no ambiente das empresas trouxeram importantes contribuições, que influenciaram significativamente a maneira de tal geração ver, entender e desejar o mundo.

Em relação ao trabalho, a geração *boomers* aprendeu a ter uma verdadeira devoção à carreira como uma das poucas formas, ou a mais segura, de se sustentar e investir em sonhos pessoais. Consideravam, e ainda consideram, o trabalho como uma obrigação para se ter uma vida equilibrada e feliz.

Essas pessoas consideram a hierarquia como algo valioso dentro de uma organização. Respeitam superiores e acatam ordens com facilidade por acreditarem que, se a pessoa está em um cargo de liderança, é porque ela fez por merecer e deve ser obedecida.

Para tomar decisões, eles costumam precisar de tempo para analisar cuidadosamente os detalhes e consequências de seus atos. Gostam de sistematizar processos, organizar etapas e preparar-se adequadamente dispondo tempo suficiente para entender a situação.

Os *boomers* viram de perto os avanços tecnológicos que mudaram profundamente as formas de comunicação, porém, ainda são adeptos do tradicional "olho no olho". Para eles, a comunicação é mais verdadeira e eficaz quando o indivíduo pode falar diante do outro para usar a empatia e perceber as reações e os sentimentos do outro.

8.5.2 Geração X

A geração X nasceu no período entre 1960 e 1980. São, portanto, os filhos da geração *boomers*. Eles acompanharam de perto a consolidação de várias transformações iniciadas e vivenciadas por seus pais. A busca por direitos igualitários a todos os gêneros, a liberação sexual e a atenção dada à carreira profissional deram o tom dessa geração.

Os nascidos na geração X dão muito valor ao dinheiro, possivelmente mais do que à carreira. Para eles, é importante esforçar-se para conquistar certa liberdade financeira e, com isso, adquirir bens e realizar sonhos.

No que se refere ao relacionamento com os chefes, a geração X dá mais valor ao relacionamento com a pessoa que ocupa o cargo de líder do que necessariamente ao cargo em si. Ou seja, dão muito valor às relações.

Costumam, assim como os pais, ser detalhistas na análise das situações e na reflexão para a tomada de decisões. É uma geração acostumada a grandes debates filosóficos e sociais.

Em relação à comunicação, essa geração acompanhou a evolução tecnológica e, de maneira geral, costuma se sair bem no manuseio de novas ferramentas de comunicação como computadores e smartphones. Apesar de não se opor à comunicação por esses meios, também é uma geração que ainda preza pelo contato pessoal.

Eles não concebem abrir mão da família em prol do trabalho como faziam muitos da geração anterior. Porém, consideram normal dedicar-se com mais afinco em determinados períodos para conquistar progressos na carreira.

Outra característica importante dessa geração é o individualismo durante a execução do trabalho. Não que sejam egoístas, conseguem trabalhar em grupo, mas frequentemente preferem o desafio individual. Não costumam ser muito fiéis às organizações e esperam sempre *feedback*.

8.5.3 Gerações Y e Z

A década de 1990 foi o cenário do surgimento da denominada geração Y, e, nos anos 2000, vieram o que alguns chamam de geração Z e outros de geração Z (*milenium*). Ambas as gerações receberam influências de questões como o surgimento e o desenvolvimento da internet, avanços incríveis na medicina e nas tecnologias, transformações sociais inimagináveis na época de seus avôs (os *boomers*) e novas relações no ambiente de trabalho e nas formas de se trabalhar.

Frequentemente, são classificados como impacientes, inseguros, imaturos, mimados e que não aceitam respostas negativas. No entanto, essas são algumas das características que as gerações anteriores em geral costumam reclamar das gerações atuais. Porém, os Y e os Z também possuem qualidades que devem ser destacadas.

Eles procuram trabalhar em atividades que lhes tragam satisfação e que, de alguma forma, contribuam com a sociedade. Apreendem rapidamente novas informações e muito frequentemente são capazes de criar novas conexões com essas ideias, oferecendo soluções inovadoras e, às vezes, curiosas.

Gostam de participar mais ativamente de causas sociais. Portanto, adoram protestos, passeatas, abaixo-assinados, intervenções urbanas e artísticas, causas sociais e ecológicas e tudo mais que eles possam opinar e contribuir para que ocorram transformações sem depender tanto de políticos e outras autoridades.

No trabalho, também se mostram imediatistas, pensam rapidamente e reconhecem autoridade em conhecimento e não em cargo. Adoram novidades tecnológicas e acreditam seriamente que as empresas devem ter participação ativa para a solução de problemas referentes a meio ambiente, consumismo, violência, entre outros.

São adorados e detestados na mesma medida. Porém, ao se fazer uma reflexão mais cuidadosa, é comum que as gerações atuais tendam a ser observadas com certo espanto pelas anteriores.

8.5.4 Interações entre as gerações na organização

Enquanto muitas empresas se espantam com as gerações atuais, outras começam a incentivar a mistura de gerações em sua força de trabalho. O que para muitos pode representar impaciência, inexperiência ou insubordinação, em muitas empresas é visto como sinal de vitalidade e de uma nova visão de mundo.

O grande desafio para líderes e gestores das organizações que pretendem se utilizar da confluência de diferentes tipos de pensamento é, primeiramente, procurar compreender cada geração sem usar de estereótipos ou pré-julgamentos. Em seguida, deve-se buscar maneiras de harmonizar as relações, evitando-se a competição desmedida ou o incentivo à rivalidade.

Outra ação importante nesse contato é buscar pontos de consenso, ou seja, evidenciar que ideias, valores, crenças e expectativas os profissionais de mundos diferentes compartilham e valorizam.

Uma técnica muito comum utilizada pelas empresas para integrar essas diferentes gerações é criar grupos de trabalhos interdependentes. Ou seja, as pessoas são desafiadas a trabalhar junto com as de outras idades e perfis. Essas atividades são organizadas de modo que o trabalho individual dependa do rendimento coletivo, propiciando-se, assim, o contato e a colaboração.

Esse esforço tem uma causa importante: as empresas têm percebido que o encontro de gerações, quando acontece de maneira positiva e assertiva, pode propiciar mais inovação aos processos e mais criatividade para a solução de problemas e criação de novos produtos e serviços.

Depois do choque inicial, quando esse processo é bem conduzido, os profissionais envolvidos costumam gostar da mistura de gerações, reconhecer os aprendizados proporcionados pelas trocas de experiências. É também comum encontrar nas pesquisas de clima organizacional esse aspecto como um fator que melhora o ambiente e favorece o trabalho coletivo, além de ser visto como valorização da empresa a todas as idades.

AMPLIE SEUS CONHECIMENTOS

Quais as diferenças entre as gerações X, Y e Z e como administrar os conflitos?

Leia o artigo em: <https://www.oficinadanet.com.br/post/13498-quais-as-diferencas-entre--as-geracoes-x-y-e-z-e-como-administrar-os-conflitos>. Acesso em: 9 fev. 2020.

VAMOS RECAPITULAR?

Neste capítulo, aprendemos o processo de comunicação e as diferentes gerações existentes nas organizações.

AGORA É COM VOCÊ!

1. Entre os elementos que formam o processo de comunicação há o canal, que:

   a. consiste na maneira apropriada para chegar a um consenso.

   b. refere-se à maneira encontrada pelo emissor para transmitir a mensagem.

   c. refere-se aos caminhos encontrados para a comunicação fluir livremente.

   d. diz respeito aos recursos tecnológicos utilizados na comunicação.

   e. diz respeito aos formatos diferentes de se estabelecer comunicação.

2. Cada geração tem uma maneira diferente de enxergar a sua relação com o trabalho. Em relação às gerações Y e Z, assinale a alternativa que apresenta a afirmação correta:

   a. Tentam atuar de maneira coordenada com a liderança e os colegas.

   b. Procuram trabalhar em atividades que rendam bons salários e benefícios.

   c. Condicionam sua atuação à maneira como são tratados pelos líderes.

   d. Tentam criar bons relacionamentos com os colegas e os líderes.

   e. Procuram trabalhar em atividades que lhes tragam satisfação e que lhes deem alguma forma de contribuir com a sociedade.

3. Nos processos de comunicação, como se formam as barreiras?

   a. São formadas pela comunicação intelectual, cultural ou desinteresse no assunto.

   b. São formadas a partir do desinteresse sobre o assunto e da desmotivação do conhecimento da mensagem.

   c. São formadas em decorrência da transmissão confusa, que, às vezes, expõe ou transmite uma ideia.

   d. São formadas a partir do desenvolvimento emocional sobre o assunto.

   e. São formadas pelo interesse sobre estímulos externos.

ATITUDE EMPREENDEDORA

PARA COMEÇAR

Estudaremos neste capítulo o empreendedorismo, relacionado à idealização, de um desejo ou por uma necessidade da sociedade.

No mundo todo, empreender é visto como um dos caminhos mais rápidos para ter liberdade financeira, autonomia, maior contato com a família ou simplesmente uma oportunidade de testar as próprias ideias.

São milhares de pequenas e microempresas criadas anualmente com o sonho de sobreviverem às dificuldades da economia, dos tributos e do mercado, para depois de se estabelecerem e, finalmente, se perpetuarem e conquistarem um espaço no nicho que escolheram e no coração dos clientes.

Na mesma proporção em que muitos sonhos se iniciam em busca do sucesso como empreendedores, também há uma lista de histórias de fracassos que terminam com dívidas acumuladas, desgastes nas relações entre os envolvidos e a sensação de frustração frente aos obstáculos que não foram vencidos.

9.1 Comportamento proativo

Antes de iniciar o estudo sobre os comportamentos que levam ao sucesso ou fracasso de atitudes empreendedoras, deve-se dar destaque a uma característica apontada frequentemente entre aqueles que realmente possuem perfil para empreender: a atitude proativa.

Alguém que pretende iniciar o próprio negócio e adquirir recursos financeiros por conta própria deve possuir algumas características que serão listadas a seguir. A proatividade é uma característica que se destaca em mais de 90% dos perfis de empreendedores que obtiveram sucesso e têm grandes histórias para contar sobre esse grande desafio.

Ser proativo significa, *grosso modo*, tomar as rédeas do próprio destino. É costume cantarolar a seguinte frase ao se referir a esse tipo de atitude: "quem sabe, faz a hora, não espera acontecer".

Essa é a melhor visão sobre alguém que é proativo: uma pessoa que, em sua vida particular ou profissional, não espera comandos para agir, não espera ordens para colocar a "mão na massa", alguém que não evita o trabalho, que não esmorece ou "finge-se de morto".

Portanto, ser proativo é ser alguém que se responsabiliza por suas atitudes e as consequências de seus atos. Pessoas proativas não costumam utilizar desculpas por seus erros ou fracassos, muito menos colocam em "forças externas" a culpa pelas ações ou consequências de seus atos.

Como sabem que o resultado que obterão na vida e na carreira virá de suas ações, pessoas proativas procuram constantemente se aperfeiçoar, adaptar-se às mudanças, estabelecer bons relacionamentos e contatos (*networking*), mostrar-se sempre dispostos a ajudar e orientar, demonstrar gratidão por quem os auxilia e torcem por eles, e mostrar-se bons companheiros de trabalho e de vida. Uma pessoa proativa é sempre otimista, alegre e tem muita coragem de ser pioneiro, enfrentar marés e vencer.

9.2 Conceito e características do empreendedorismo

A palavra **empreendedorismo** tem origem no termo francês *entrepeuner*, que no conceito original significava "aquele que incentiva brigas". Depois, o termo evoluiu e, atualmente, é relacionado ao ato de tomar iniciativa de algo, principalmente de uma ideia ou negócio. Muitos consultores da área costumam dizer que empreender é ter a capacidade de fazer algo acontecer.

Geralmente, o comportamento empreendedor é motivado por idealização de um sonho ou por necessidade. Quando a pessoa decide empreender por necessidade, normalmente decorre do fato de que ela perdeu o emprego ou está impossibilitada no momento de trabalhar em um emprego formal. Então, ela encontra no ambiente de negócios uma oportunidade de obter recursos financeiros para sobreviver.

> **FIQUE DE OLHO!**
>
> Para se tornar um empreendedor de sucesso, é preciso reunir imaginação, determinação, habilidade de organizar, liderar pessoas e de conhecer tecnicamente etapas e processos.

Apesar da legitimidade desse tipo de empreendedor, infelizmente, é dentro desse grupo que se encontra a maior parte das histórias de insucessos na tentativa de criar um negócio próprio. Muitas vezes a urgência em iniciar algo que traga renda faz com que a pessoa tome decisões apressadas, que, no futuro, comprometerão seriamente o negócio. Não estudar adequadamente a área em que se pretende investir é o problema mais comum entre esses empreendedores. Outro aspecto grave é não se preparar para realizar funções, como lidar com contabilidade, ter que realizar vendas e prospecção de clientes, saber lidar com funcionários, manejar o fluxo de caixa de uma maneira sustentável, entre outras.

Entre os empreendedores que conseguiram vencer esses primeiros desafios, estabeleceram seus negócios e hoje possuem trajetórias vitoriosas, algumas características comportamentais e de personalidade costumam aparecer com frequência: têm ótima visão para enxergar oportunidades de ganhos e novos negócios; resiliência e persistência no que se refere aos problemas que certamente surgirão; sabem correr riscos, mas todos detalhadamente calculados; procuram manter-se constantemente atualizados; mantêm uma boa rede de contatos; estão seriamente comprometidos com o negócio; são disciplinados, motivados e ambiciosos.

9.3 Empreendedorismo

Ser um empreendedor é ter uma atitude mental diferenciada. É enxergar oportunidades quando a maioria está enxergando problemas. Porém, não basta apenas otimismo para ser um empreendedor de sucesso. Quem quer realmente vencer no competitivo mundo dos negócios sabe que é preciso reunir e desenvolver várias habilidades e capacidades.

Um apoio importante para quem quer se tornar patrão e testar os próprios conceitos é o Serviço Brasileiro de Apoio ao Empreendedor (Sebrae). Esse órgão, mantido em parceria pelo governo em conjunto com entidades empresariais, tem por objetivo orientar e apoiar iniciativas empreendedoras. É no Sebrae que muitos empreendedores buscam qualificação e orientação antes de decidir dar início aos seus projetos. São palestras, oficinas, publicações e cursos que ensinam como organizar a produção, montar um fluxo de caixa e elaborar um plano de negócios.

Além das questões técnicas, é importante que o empreendedor faça uma boa avaliação de suas características comportamentais, habilidades e capacidades técnicas, pois só assim saberá identificar potencialidades que poderão ser utilizadas em favor do negócio, como também perceber fraquezas que podem ser minimizadas, desde que bem trabalhadas.

Independentemente do momento econômico que o país atravessa, ser empreendedor é ainda o sonho de muitos profissionais. Porém, ter a coragem de iniciar um negócio e, principalmente, fazer isso da maneira correta para não depender da sorte, é ainda algo para poucos.

Empreender pode significar a realização de sonhos, como conquistar bens materiais e independência financeira, mas também pode transformar-se nos sérios problemas já mencionados. Se bem estudado e planejado, o ato de empreender pode ser o caminho para muitas pessoas que desejam mudar de vida e tornar-se donos do próprio destino profissional.

9.4 Intraempreendedorismo

O comportamento empreendedor não é atributo exclusivo de quem decide abrir um negócio. É cada vez maior a percepção de muitas empresas de que é bom ter no quadro de funcionários pessoas que sejam proativas e tenham atitudes empreendedoras.

Profissionais identificados com esse perfil costumam ser mais valorizados por conta de sua visão diferenciada dos negócios e por ser profissional realmente comprometido com a empresa.

As características citadas na descrição do perfil de pessoa empreendedora são muito bem-vindas em empresas que buscam profissionais intraempreendedores. O profissional com esse perfil costuma ser aquele

ATITUDE EMPREENDEDORA

que, além de apresentar características de proatividade, também tem faro para identificar oportunidades de novos negócios ou de melhoria dos processos internos.

Eles agem como se fossem donos da empresa, sem serem arrogantes, mas procurando cuidar da organização e trabalhar em prol de seu crescimento por acreditarem que o sucesso da empresa trará mais oportunidades para eles.

Infelizmente, as empresas já perceberam que é difícil encontrar esse tipo de pessoa e, quando as encontram, é ainda mais difícil manter o interesse delas por ambientes que tenham regras, burocracia e muito jogo de poder. Frequentemente, esse tipo de profissional busca outra colocação em empresas que despertem nele novos estímulos para criar ideias inovadoras e solucionar problemas ou procuram realizar suas competências abrindo suas próprias empresas.

Em virtude disso, é cada vez mais comum as empresas procurarem identificar funcionários que tenham potencial para serem intraempreendedores e investirem neles na forma de cursos de capacitação e qualificação.

> ## ///// AMPLIE SEUS CONHECIMENTOS
>
> "Este tipo de colaborador [intraempreendedor] tem sido muito valorizado pelas empresas, principalmente por agregarem valor ao trabalho final executado pela organização." Para saber mais sobre intraempreendedorismo, leia o artigo *Intraempreendedorismo: guia completo*, disponível em: <http://www.sobreadministracao.com/intraempreendedorismo-guia-completo/>. Acesso em: 9 fev. 2020.

9.5 Processo decisório

Mesmo que as pessoas não se deem conta, todos os dias elas são impelidas a tomar centenas de decisões. Algumas de maneira consciente e outras que, por hábito, são feitas no automaticamente.

Ainda que muitas dessas decisões já tenha sido pensada algum dia e, portanto, não representem perigo iminente à integridade da carreira, ainda existem algumas que podem representar problemas de diversas ordens: desde afetar relacionamentos até comprometer a carreira profissional.

Portanto, entender como se tomam decisões e que consequências elas têm para a vida torna-se algo necessário e importante para o bem-estar das pessoas.

9.5.1 Conceituação sobre o processo de decisão

Costuma-se entender uma decisão como uma escolha que a pessoa faz para solucionar um problema ou aproveitar determinada oportunidade.

Tomar decisões acertadas é importante, tanto na vida particular quanto no campo profissional. Costuma-se atribuir grande parte das tarefas de um gestor ao ato de tomar muitas decisões ao longo do dia.

Mais especificamente, pode-se explicar o conceito de decisão como o processo de identificar possibilidade e selecionar ações que deverão acontecer para que determinado problema seja solucionado.

A decisão sobre que caminho seguir e que oportunidade aproveitar é apenas um elemento do processo decisório. Antes de seguir com o entendimento de como acontece uma decisão, deve-se elucidar ainda outros dois conceitos relacionados ao tema: problema e oportunidade.

Um **problema** é entendido como algo que está fora do padrão estabelecido ou longe da expectativa e que, ao mesmo tempo, impede que os objetivos sejam conquistados ou interfere nas relações e/ou nos processos.

Já **oportunidade** pode ser entendida como uma situação na qual existem condições que favorecem chances de que os objetivos sejam alcançados rapidamente, ultrapassados ou que possam se tentar novas possibilidades de ganhos, seja em rendimentos, em produtividade, em contatos ou entre outras formas.

A tomada de decisão, quando bem elaborada, costuma envolver o uso da capacidade cognitiva de analisar, comparar e racionalizar. Entretanto, isso não impede que emoções e sentimentos contaminem e atrapalhem o processo de tomada de decisão.

9.5.2 Tipos e formatos de decisões

Alguns estudiosos do assunto costumam classificar os processos decisórios da seguinte forma:

- **Quanto ao grau de familiaridade com o assunto:** existem decisões chamadas de estruturadas, pois são aquelas cujo assunto e consequências já são conhecidos; outras decisões recebem o nome de semiestruturadas em função de se conhecer parte do assunto ou consequências: e, por fim, existem as decisões não estruturadas, totalmente novas para a pessoa, com consequências ainda desconhecidas.

- **Em relação à natureza da decisão (nível organizacional):** existem as decisões que são tomadas pelos donos/diretores e envolvem o futuro da empresa, chamadas de decisões estratégicas; gerentes e líderes tomam decisões administrativas e gerenciais, ou decisões táticas, que afetam parte da empresa; e as decisões operacionais são aquelas que definem como as tarefas serão executadas.

- **Sobre como ocorre a participação nas decisões:** existem as decisões individuais nas quais apenas uma pessoa dá a palavra final, podendo consultar outras ou não; e decisões coletivas, que costumam ser mais demoradas, mas que produzem maior compromisso entre os envolvidos.

- **Decisões de acordo os resultados:** as decisões consideradas satisfatórias são aquelas em que o resultado final não gera muita expectativa, portanto, praticamente qualquer resultado é considerado bom ou adequado; as decisões maximizadas são aquelas em que todos os detalhes da ação a ser tomada visam obter os melhores resultados possíveis; já as otimizadas visam encontrar um equilíbrio entre vantagens e desvantagens sobre os desdobramentos da decisão.

9.5.3 Etapas do processo decisório

De maneira simplificada, pode-se afirmar que o processo de tomada de decisão passa por quatro etapas importantes:

- a. **Identificação da oportunidade ou do problema:** consiste em perceber uma situação que cause problemas, frustrações ou que impeça a obtenção dos objetivos desejados.

ATITUDE EMPREENDEDORA

b. Diagnóstico da situação: cabe detalhar o problema e oportunidade procurando perceber as possíveis implicações da decisão.

c. Elaboração de alternativas: nesse momento, a pessoa cria possíveis cenários. É o momento de usar a criatividade para imaginar como a situação poderia ser resolvida. Quanto mais ideias, melhor.

d. Escolha de uma alternativa: decisão em si. É o momento final do processo de decisão, no qual a pessoa vai comparar alternativas e fazer os julgamentos para tomar a decisão mais adequada à situação.

Muitos livros sobre o assunto apontam que uma boa decisão é aquela que, além de passar por essas etapas, é acompanhada por quem a tomou. Isso implica em verificar o andamento do que foi decidido e os desdobramentos da decisão. Essa supervisão é importante para que, quando possível, adotem-se medidas para corrigir possíveis distorções entre o que se decidiu e o que está acontecendo, ou, como preferem alguns estudiosos, entre a decisão e a realidade.

Essa avaliação da continuidade da tomada de decisão também serve para aperfeiçoar a capacidade da pessoa analisar situações e fazer julgamentos. Profissionais que costumam lidar com decisões grandes e sérias dizem que esse hábito faz com que eles sejam mais humildes em relação às expectativas sobre suas decisões e, ao mesmo tempo, podem desenvolver essa capacidade.

9.5.4 Tipos de ambientes para decisão

Ao analisar em que tipos de contexto as decisões costumam acontecer, e de que maneira o ambiente pode influenciar esses processos, chega-se às seguintes classificações:

a. Ambientes de certeza: aqueles em que existe uma quantidade de informações suficientes para determinar com grande precisão o que irá acontecer e gerar cenários confiáveis para a tomada de decisão.

b. Ambientes de riscos: ocorrem em cenários em que é possível antecipar probabilidades por meio de estatísticas ou da experiência de quem toma a decisão.

c. Ambientes de incertezas: acontece quando quem precisa tomar a decisão não tem nenhum ou tem pouco conhecimento sobre o que está sendo decidido. Questões que envolvem assuntos muito novos ou cenários muito distantes trazem esse tipo de ambiente.

O mais importante do estudo sobre os ambientes nos quais acontecem as decisões é apontar que um tipo de ambiente incerto pode caminhar para um ambiente mais confortável para a decisão, na medida em que a pessoa se prepara para aprender a avaliar situações e julgar adequadamente possibilidades. Portanto, desde que haja empenho e busquem-se informações precisas e adequadas, pode-se caminhar para tomar decisões mais acertadas. Saber tomar decisões é um diferencial para o sucesso profissional e também para obter vitórias na vida particular.

9.6 Poder e política na organização

O senso comum muitas vezes faz as pessoas acreditarem que a política é algo negativo e uma atividade de pessoas designadas para esse fim, ou seja, política é algo somente para os políticos.

Entretanto, ao analisar o termo e sua concepção histórica, observa-se que essa conclusão está bem distante da realidade. Fazer política é um ato humano e cotidiano realizados por todos, porém, nem sempre nos damos conta disso.

Assim como nas instituições públicas, o ambiente de trabalho também é influenciado e conduzido por decisões técnicas e, principalmente, decisões políticas. Cabe ao profissional interessado em obter sucesso nas relações profissionais aprender a identificar como ocorrem as movimentações políticas dentro da organização e elaborar estratégias para não ser prejudicado, não prejudicar e auxiliar no desenvolvimento e exposição do seu trabalho.

Portanto, a política é feita todos os dias, seja na vida particular ou no trabalho.

9.6.1 Conceitos sobre poder e política

Entende-se por **poder** a autoridade ou soberania que alguém detém para impor suas opiniões ou vontades sobre os demais, seja por uso de força ou de influência social.

Existem diversos tipos de poder, os principais são:

a. poder econômico;

b. poder militar;

c. poder político;

d. poder social;

e. poder religioso;

f. poder familiar.

Já a definição de política corresponde à ideia de governar e, também, ao ato de negociar interesses. A origem da palavra vem da expressão grega *politiká* e deriva de outra palavra importante, *polis,* que designava "aquilo que é público". Portanto, pode-se concluir que fazer política é administrar interesses e bens públicos.

Existem diferentes sistemas políticos que as nações encontram para se organizar. Entre eles, a monarquia e a república são os mais comuns. Nesses sistemas, ainda existem outros formatos, como o parlamentarismo e o sistema presidencialista.

A expressão também é utilizada para designar conjuntos de regras que regem uma organização. Por exemplo, quando se refere à política de recursos humanos de uma empresa, refere-se como essa empresa se organiza e regulamenta-se internamente para executar processos como contratações, promoções e demissões.

Ações políticas satisfatórias são aqueles que têm como objetivo atender as demandas dos envolvidos. Porém, nem sempre o gestor, político ou governante consegue elaborar políticas que agradem a todos.

9.6.2 Influência e persuasão

Duas formas muito utilizadas para obter ou manter poder e também para praticar política são o uso da **influência** ou da **persuasão** (convencimento).

ATITUDE EMPREENDEDORA 133

Chama-se influência o ato de intervir nos comportamentos ou ideias de outra pessoa ou, ainda, ao se referir às consequências de uma ação ou condição sobre uma situação ou um organismo.

No ambiente profissional, é natural que algumas pessoas exerçam mais influência sobre as outras e sobre os processos em virtude de sua experiência e seus conhecimentos, pelo cargo que ocupa ou, ainda, pela relação que mantém com outras pessoas do grupo.

Denomina-se **persuasão** a capacidade de convencer alguém. O senso comum tende a confundir e acreditar que influência e persuasão são sinônimos, porém, esses termos, apesar de compartilharem algumas similaridades, são complementares. Só é possível existir influência se a pessoa for capaz de persuadir, ainda que sua persuasão se dê em forma de uso da força ou do *status* social que ocupa.

Para ser persuasiva, uma pessoa precisa apresentar algumas características, como:

a. possuir objetivos claros e determinação em conquistá-los;

b. saber utilizar a empatia e estabelecer relações assertivas;

c. conseguir demonstrar as vantagens de suas ideias para os demais;

d. conquistar credibilidade com seus atos anteriores;

e. saber reconhecer méritos e capacidades nos outros;

f. conseguir utilizar argumentos convincentes e saber a hora de calar-se;

g. ter paciência para saber investir em processos de convencimentos longos.

9.6.3 Autoridade e legitimidade

Entende-se por autoridade a probabilidade de exercer comando ou ter as ordens acatadas por outras pessoas. Também é sinônimo dessa palavra o exercício do poder conferido por uma instituição como governos ou outras organizações sociais.

O sociólogo alemão Max Weber (1864-1920) classificou autoridade em três tipos (Tabela 9.1).

Tabela 9.1 - Classificação de autoridade por Max Weber

TRADICIONAL	Corresponde ao respeito e à posição adquiridos em função de costumes e tradições culturais que são passados de uma geração para outra juntamente com a autoridade.
CARISMÁTICA	São aquelas pessoas que conquistam autoridade sobre determinado assunto ou situação em virtude do poder do carisma que exercem sobre os outros.
LEGAL OU RACIONAL	São figuras de autoridade que zelam pelo cumprimento das normas sociais e da legislação vigente.

O conceito de legitimidade remete à ideia de que algo ou alguém está dentro das normas, segue as leis, portanto, é legítimo.

É importante ressaltar nesse contexto que, ao relacionar os termos autoridade e legitimidade, há uma situação que se percebe em muitos departamentos de todo tipo de organização: quando um líder possui poder

134   PSICOLOGIA COMPORTAMENTAL

legítimo, que lhe foi conferido pela organização, como, o título de encarregado, porém, em virtude de sua competência técnica ou de seus relacionamentos, ele não tem a autoridade reconhecida pelos comandados. Do mesmo modo, também é comum perceber funcionários que não dispõem de cargos (poder), porém são respeitados, admirados e ouvidos pelos demais colegas (autoridade).

9.6.4 Assédio moral e sexual

O exercício de autoridade e poder dentro das organizações, muitas vezes dependendo do contexto e da personalidade dos envolvidos, pode desencadear comportamentos que podem constranger, ofender e até causar sofrimento psicológico aos envolvidos.

O termo técnico para essa situação é assédio moral. Segundo a legislação vigente, corresponde ao ato de expor o trabalhador a condições constrangedoras e humilhantes de maneira repetitiva e prolongada no ambiente de trabalho.

As maneiras mais comuns de se assediar moralmente um trabalhador são:

a. degradar de maneira intencional as condições de trabalho;

b. isolar a pessoa, dificultando ou impedindo a comunicação;

c. cometer atos que ofendam a dignidade do ser humano;

d. usar de violência física, verbal ou sexual.

Diferentemente da paquera, que pode ser consentida ou interrompida caso uma das partes não tenha interesse, o **assédio sexual** é um ato criminoso que também pode ocorrer dentro das organizações.

São considerados comportamentos de assédio sexual: brincadeiras e comentários que exponham ou ridiculizem orientações sexuais, modos de se vestir ou hábitos dos colegas de trabalho; compartilhamento de mensagens, imagens e outros conteúdos considerados eróticos e de natureza íntima que envolvam pessoas do ambiente de trabalho; utilizar de poder, influência ou autoridade para obter vantagens sexuais sem o consentimento da outra pessoa.

Os assédios moral e sexual são crimes e devem ser combatidos em função de vários motivos, entre eles as consequências que esses atos têm sobre a saúde psicológica das pessoas e prejuízos que causam para as empresas.

9.7 Responsabilidades no ambiente de trabalho

A realidade tem demonstrado que tanto consumidores quanto as novas gerações que adentram nas empresas querem ver outros comportamentos por parte de quem as administra.

O aumento da conscientização sobre a importância da participação dos cidadãos em questões sociais e ambientais tem feito surgir um novo perfil de consumidor. Esse novo perfil está mais atento aos desdobramentos que seus hábitos de consumo têm sobre a natureza e têm cobrado das autoridades e das instituições ações mais efetivas para minimizar os impactos ambientais e intervir para a diminuição das carências sociais.

ATITUDE EMPREENDEDORA

Em contrapartida, uma nova geração de profissionais não quer ter o emprego apenas como o lugar para conseguir a renda necessária para manter a família e realizar alguns sonhos. Esses jovens esperam que, por meio de seu trabalho, possam contribuir de alguma forma para a obtenção de uma sociedade mais justa e responsável ambientalmente. Eles também incentivam e cobram que as empresas adotem posturas mais assertivas em relação a esses temas.

9.7.1 Sustentabilidade

Originado entre os ambientalistas dos anos 1970, nos últimos 10 anos o termo **sustentabilidade** ganhou notoriedade e fama na sociedade, anúncios de TV e dentro das organizações.

Decorrente da expressão em latim *sustentare*, a palavra sustentabilidade remete à ideia de algo sustentável, ou seja, que consegue se manter ao longo do tempo de maneira equilibrada.

Uma explicação muito usada atualmente é a de que ser sustentável é saber utilizar os recursos naturais para que se satisfaçam as necessidades do presente, sem comprometer as necessidades daqueles que existirão nas futuras gerações.

O termo foi adotado por empresas que demonstram ter uma consciência sobre as implicações das situações socioambientais que se vivenciam no presente. Ao adotar a reflexão sobre as características da sustentabilidade e suas influências para o mundo dos negócios, criou-se o conceito de tripé da sustentabilidade.

Segundo esse conceito, uma organização, para ser sustentável, precisa refletir, repensar suas ações, seus valores e seus processos e agir sobre três dimensões:

a. **Sustentabilidade ambiental:** promoção de mudanças em políticas e processos produtivos de modo a minimizar os impactos de suas atividades sobre o meio ambiente.

b. **Sustentabilidade social:** preocupação em apoiar iniciativas que auxiliem o desenvolvimento das comunidades nas quais a organização está inserida, a fim de contribuir para a diminuição das diferenças sociais, culturais, econômicas e educacionais.

c. **Sustentabilidade gerencial:** execução de várias ações que as organizações devem implementar visando garantir a própria sobrevivência.

9.7.2 Responsabilidade social

As organizações têm cada vez mais consciência de que não somente pela questão humanitária, mas também pela de seus negócios, é importante que sociedade, governos e organizações se unam em prol de diminuir a pobreza e os graves problemas sociais que o país ainda possui.

No momento em que as organizações se juntam a essa causa, é possível um ganho de eficiência na medida que elas trazem consigo experiências de gestão. Essas experiências podem contribuir para o aumento da eficácia na utilização de recursos e contribuições na elaboração de políticas, além de auxiliar nas ações práticas que visam diminuir o abismo social que existe entre as diversas classes que formam o país.

A lógica e os números também têm mostrado que avanços nos indicadores sociais representam aumentos significativos no desempenho e no faturamento das empresas. Pessoas mais bem alimentadas, com mais acesso a equipamentos de saúde e, principalmente, quando recebem educação eficiente e de qualidade, tornam-se profissionais mais qualificados e, por consequência, recebem melhores salários, aumentam o seu poder de consumo e, assim, fazem girar a roda da economia e os lucros das empresas.

Esse novo comportamento por parte das organizações, em especial das empresas, ainda ocorre de maneira voluntária. Entretanto, é nítido o movimento dos consumidores em exigir posturas que promovam o bem-estar da sociedade.

Deve-se aqui fazer uma diferenciação entre ações esporádicas que acontecem em função de datas festivas, como Natal e Dia das Crianças, ou, ainda, ações ocasionais de doações de mantimentos ou recursos para entidades sociais e estratégias de responsabilidade social.

As poucas empresas que se enquadram na segunda categoria possuem programas sérios e bem definidos de responsabilidade socioambiental, dispondo de orçamentos destinados a essas ações e, muitas vezes, contando com equipes internas dedicadas a essas causas.

9.7.3 Responsabilidade ambiental

Nos últimos anos, tem se popularizado o conceito de pegada ambiental. Esse termo designa o impacto que as ações cotidianas têm sobre o ambiente. Por exemplo, do momento em que se acorda até a hora em que se vai dormir, utilizam-se vários recursos naturais para satisfazer as necessidades e, também, são gerados impactos ambientais na medida em que se consomem produtos e serviços.

Alguns estudiosos garantem que se toda a população do mundo atual consumisse o equivalente ao que consome um estadunidense de classe média, seria preciso não de um, mas de três planetas para dar conta de tantos recursos naturais necessários.

Como a pretensão da maioria dos governantes é de que sua população atinja um nível de consumo semelhante a da classe média dos Estados Unidos, aí se insere a noção do tamanho do problema que será preciso enfrentar nos próximos anos.

Não se trata de fazer uma apologia ao não consumo e à volta à vida como na Idade Média, ou seja, sem conforto nenhum. O que as pessoas e as organizações têm percebido é que se deve rever os hábitos de consumo, processos produtivos e acabar com desperdícios, caso se queira deixar aos descendentes um mundo menos degradado e possível de ser habitado.

A degradação do meio ambiente tem impacto forte e direto sobre o desempenho das empresas. Além de terem de se adaptar à pressão social e às legislações cada vez mais rígidas em relação às formas de se produzir, as empresas também têm constatado que a piora nos indicadores ambientais também traz reflexos diretos nos seus processos de produção.

Por exemplo, empresas que dependem muito do consumo de água têm tido que mudar suas fábricas e, em alguns casos, até mudar de cidade em função da seca que atravessou nos últimos anos a região Sudeste. Outras indústrias tiveram que alterar seus preços em virtude de matérias-primas mais raras e caras.

ATITUDE EMPREENDEDORA

////AMPLIE SEUS CONHECIMENTOS

Conceitos de sustentabilidade são aplicados rotineiramente nas indústrias como forma de minimizar os impactos ambientais causados pela geração de resíduos sólidos por suas atividades e, assim, reduzir seus custos de produção e tornar suas atividades ambientalmente mais sustentáveis. Geralmente, esses impactos são adversos e implicam em danos ao meio ambiente quando não são gerenciados adequadamente.

Um conceito de sustentabilidade muito aplicado visando ao gerenciamento dos resíduos sólidos é o conceito dos 3 Rs que tange tanto a área ambiental quanto a econômica e a social. O significado dos 3 Rs é "Reduzir, Reutilizar e Reciclar."

- **Reduzir:** ajuda a acabar com desperdícios e representa o fato de usar e tirar da natureza somente o necessário. Além da diminuição de resíduos e da economia dos recursos naturais, reduzir significa também economia de dinheiro.
- **Reutilizar:** orienta quanto a necessidade de buscar novas utilidades para materiais que supostamente não seriam mais úteis.
- **Reciclar:** transformação física e química de um produto, ou seja, o formato físico e suas características químicas são alterados para a confecção de um novo produto. Isso elimina a necessidade de extrair novos recursos naturais, usa a matéria-prima que já foi gerada e aumenta a vida útil dos aterros sanitários. [...]

Para saber mais os 3 Rs, acesse os links: <https://unipe.edu.br/2011/10/06/n-a-81/>, <http://bit.ly/2UEXJOW> e <http://j.mp/39mrTdS>. Acesso em: 9 fev. 2020.

9.7.4 As empresas e a responsabilidade

Organizações que têm procurado mudar suas posturas e agir de maneira mais responsável têm experimentado diferentes formas de lidar com as demandas das responsabilidades socioambientais. Algumas dessas experiências são:

a. alteração no formato de embalagens para diminuir o uso de plástico e papelão, além de sustâncias químicas presentes nas embalagens;

b. substituição de máquinas e processos antigos por outras metodologias e maquinários mais eficientes que economizam recursos naturais, como luz e água;

c. implementação de técnicas de reúso de insumos, sobras e implantação de políticas de produção reversa, ou seja, trazer de volta à indústria produtos que não são mais utilizados e podem ser reciclados, como pneus, baterias, lâmpadas e latas de alumínio;

d. revisão da relação com fornecedores para verificar que adaptações ou alterações podem ser feitas para que se produzam menos impactos ambientais. Um exemplo disso é contratar serviços ou comprar produtos que sejam produzidos perto do local em que será consumido, evitando deslocamentos e gastos com combustíveis fósseis;

e. participação efetiva das organizações na análise e proposição de políticas que visem melhorar as condições de vida da sociedade e diminuir o impacto ambiental;

f. aumentar a conscientização de funcionários, parceiros comerciais e clientes sobre os aspectos que compõem a sustentabilidade, a fim de que esse movimento aumente e se torne uma roda viva que não pare de girar, produzindo, assim, benefícios para a sociedade e o planeta.

9.8 Comprometimento no trabalho

Um dos comportamentos que os gestores mais apreciam e esperam ver em sua força de trabalho é a postura de comprometimento com a empresa e com os objetivos propostos.

Entretanto, ao conversar com empresários, líderes de equipes e especialistas em recursos humanos, o que mais se ouve é que nem sempre se consegue verificar esse tipo de comportamento nas pessoas que trabalham em suas empresas.

Ao mesmo tempo, profissionais que conseguem por si só manter-se motivados e que se identificam com a organização e as tarefas que executam são altamente procurados pelas empresas.

Serão estudados a seguir quais componentes levam uma pessoa a se sentir mais comprometida com uma causa ou um trabalho. Também será visto como as lideranças podem intervir nesses processos e o que pode ser feito para transformar apatia em motivação na realização do trabalho.

9.8.1 Conceito

Em alguns dicionários, encontra-se a seguinte definição para o termo comprometimento: ação de arcar com o compromisso assumido com alguém, utilizando-se de regras propostas, a fim de alcançar a exatidão do ato combinado.

No ambiente do trabalho, é fácil perceber funcionários que são comprometidos com suas atividades e com a empresa. Para entender melhor esse conceito, serão utilizados exemplos contrários, ou seja, atitudes de pessoas descompromissadas com o trabalho.

Funcionários que não costumam se envolver com seu trabalho têm por hábito realizar suas tarefas de maneira desleixada, esforçando-se o mínimo possível. Eles querem apenas fazer o que lhes é pedido e, se possível, esperar as horas passarem para ir embora. São pessoas que não gostam do que fazem e que, ao iniciar uma semana, costumam dizer coisas como "tomara que o fim de semana chegue logo", ou seja, para esse tipo de profissional só há vida aos sábados e domingos. Essas pessoas ainda entendem o trabalho como um castigo, um suplício ou um mal necessário para pagar as contar no fim do mês.

Além do problema que causam a si mesmas, pessoas descompromissadas também trazem prejuízo aos grupos de que participam e às organizações nas quais atuam. Uma pessoa que pensa e age dessa maneira costuma ter comportamentos destrutivos e até sabotadores em relação à empresa e à motivação das pessoas próximas.

Quando identificadas a tempo as causas que levaram o profissional a agir dessa maneira, é possível que, por intermédio de orientação, aconselhamento e até treinamentos, a pessoa volte a ter interesse pelo trabalho, mude sua maneira de pensar e volte a engajar-se nas atividades e relacionamentos no ambiente de trabalho. Porém, em alguns casos, ocorrem os desligamentos.

9.8.2 Fatores que interferem no compromisso com trabalho

Tanto a Psicologia quanto as demais ciências sociais têm contribuído significativamente para o entendimento do que influencia a motivação e o comprometimento do profissional com seu trabalho e empresa e a percepção dos motivos que levam ao desinteresse, apatia e até sentimento de revolta com a atividade desempenhada.

A seguir, são relacionados os principais aspectos que comprometem o desempenho e a satisfação do trabalhador:

a. inadequação à função, cargo ou atividades;

b. convivência com pessoas desmotivadas e hostis;

c. lideranças mal preparadas para a função;

d. incompatibilidade com os valores e a cultura da organização;

e. indicadores confusos, injustos ou inexistentes para medir performances;

f. situações rotineiras de assédio moral;

g. estresse crônico em virtude de cargas de trabalho excessivas, acúmulo de funções ou metas muito aquém da realidade;

h. inexistência ou falhas no gerenciamento dos processos de comunicação interna e retorno sobre o desempenho (*feedback*);

i. falta de investimento em ações que visem melhorar o clima organizacional, o desenvolvimento dos trabalhadores e a qualidade de vida de quem trabalha no local;

j. políticas de cargos e salários ineficientes, inexistentes ou injustas;

k. sensação de que se é apenas um número para empresa e que se pode ser facilmente trocado.

É comum identificar em ambientes desorganizados ou mal administrados a existência de vários desses problemas ocorrendo ao mesmo tempo e corroendo a motivação e até a autoestima dos trabalhadores. Porém, a boa notícia é que todas essas situações são reversíveis, desde que detectadas corretamente e gerenciadas de maneira interessada por parte de quem tem poder e autoridade para mudar a cultura e o clima da organização.

9.8.3 Consequências positivas do engajamento no trabalho

Serão vistos a seguir quais benefícios podem trazer à organização profissionais comprometidos e satisfeitos com suas carreiras e atividades. Essa reflexão é interessante para pensar como algumas empresas conseguem se diferenciar de outras atuando nos mercados e possuindo recursos financeiros e tecnológicos semelhantes.

Profissionais comprometidos e satisfeitos com o que fazem costumam apresentar as seguintes características:

a. utilizam a empatia nos relacionamentos; ouvem mais do que falam e procuram enxergar as motivações das outras pessoas;

b. são detalhistas, observadoras, criteriosas e insistem em fazer tudo com o máximo de qualidade e empenho;

c. são organizadas, metódicas e focadas em cumprir o que prometem; não se permitem deixar atividades incompletas ou imperfeitas;

d. sabem ser humildes para reconhecer aquilo que desconhecem ou têm dificuldade, não têm vergonha de pedir orientação ou ajuda;

e. estão sempre interessados em aprender novas formas de pensar, executar tarefas e entregar resultados;

f. mantêm o otimismo mesmo diante de obstáculos e desafios inesperados;

g. possuem grande capacidade de resiliência e são muito persistentes;

h. acreditam nelas mesmas e não terceirizam responsabilidades;

i. gostam de participar, dar ideias e colocar a mão na massa;

j. agem de maneira autêntica, com entusiasmo e, principalmente, com um profundo e genuíno desejo de mudar a realidade.

9.8.4 Ações que visam integrar e envolver os profissionais

Nos últimos anos, o mundo dos negócios e as organizações de forma geral têm experimentado inúmeras abordagens que visam melhorar o ambiente de trabalho, motivar e qualificar os colaboradores e, principalmente, conquistar o engajamento e o compromisso dos funcionários com os valores e os objetivos organizacionais.

Entre as inúmeras tentativas que resultaram em acertos e frustrações, podem-se citar algumas práticas que têm se tornado comuns e que são adotadas por todo tipo de organização:

a. preparar melhor as lideranças para saber gerenciar processos e orientar pessoas, sabendo respeitar diferenças e, ao mesmo tempo, motivá-las;

b. criar processos de comunicação que tornem o fluxo de informações e ideias eficiente, direto e sincero;

c. estabelecer práticas de feedback normais e constantes dentro das políticas de recursos humanos;

d. criar mecanismos para valorização dos talentos internos, como a adoção de políticas inovadoras de cargos e salários, a adoção de estratégias efetivas que proporcionem o desenvolvimento e, ainda, o oferecimento de oportunidades reais de crescimento profissional;

e. ofertar benefícios diferenciados, relevantes e inovadores;

f. promover ações que visem a participação dos funcionários e a disseminação da cultura e valores da organização;

g. tratar as pessoas como seres humanos únicos dotados de talentos e dificuldades.

Organizações que conseguem mudar a forma como lidam com sua força de trabalho e adotam uma visão mais humana das relações trabalhistas têm obtido ganhos significativos, comparadas a outras de mesmo segmento que ainda adotam estratégias comparáveis às existentes na Era Industrial.

Enveredar por esse caminho não significa escolher a via mais fácil, porém, tratar as pessoas como seres humanos, além de gratificante, costuma trazer resultados mais duradouros.

VAMOS RECAPITULAR?

Neste capítulo, aprendemos o processo de comunicação e as diferentes gerações existentes nas organizações.

AGORA É COM VOCÊ!

1. Profissionais com perfil intraempreendedor são muito valorizados no mercado de trabalho. Por quê?

   a. Por conta da escassez de mão de obra qualificada e disponível.

   b. Por terem uma visão diferenciada dos negócios e sobre como se deve portar um profissional realmente comprometido com a empresa.

   c. Em razão de suas experiências em outras empresas e áreas.

   d. Por conta da grande quantidade de pessoas despreparadas atualmente.

   e. Em função de o mercado estar muito competitivo e restritivo.

2. Existem diferentes formas de autoridade. Entre elas, a autoridade carismática, que pode ser entendida como:

   a. pessoas que tomam a atenção de todos em virtude de seus atributos físicos.

   b. pessoas que conquistam poder em função da capacidade de persuadir e influenciar as demais.

   c. pessoas que tomam para si a responsabilidade para resolver problemas que a maioria evita, desconhece ou finge não perceber.

   d. pessoas que conquistam autoridade sobre determinado assunto ou situação em virtude do poder de carisma que exercem sobre os outros.

   e. pessoas que estão constantemente procurando inovar, criar cenários e possibilitar o desenvolvimento de pessoas e negócios.

3. O conceito de sustentabilidade envolve a união de três preocupações que demandam novas atitudes e responsabilidades. São elas:

   a. responsabilidade ecológica, responsabilidade urbana e responsabilidade com as pessoas.

   b. responsabilidade natural, responsabilidade individual e responsabilidade com o meio social.

   c. responsabilidade ambiental, responsabilidade social e responsabilidade gerencial.

   d. responsabilidade mental, responsabilidade interpessoal e responsabilidade comunitária.

   e. responsabilidade social, responsabilidade natural e responsabilidade atribuída.

4. O processo de decisão é composto de algumas etapas interdependentes. Quais são elas?

   a. Identificação de semelhanças, diferenciação de características, escolha da melhor alternativa (decisão).

   b. Percepção das consequências, avaliação dos cenários, escolha da melhor alternativa (decisão).

   c. Identificação da situação, diagnóstico, elaboração de alternativas, escolha da melhor alternativa (decisão).

   d. Percepção dos detalhes, comparação de cenários, escolha da melhor alternativa (decisão).

   e. Identificação das diferenças, comparação de padrões, avaliação e escolha da melhor alternativa (decisão).

10

SAÚDE MENTAL E TRABALHO

PARA COMEÇAR

Neste capítulo, veremos as oportunidades de desenvolvimento e relacionamento no trabalho que muitas vezes geram pressão física e psicológica, o que pode ocasionar danos à saúde.

As pessoas geralmente passam muitas horas do dia trabalhando, pois é por meio dele que se obtêm muitas coisas importantes para a vida, como meio financeiro para a subsistência, relações de amizade, desenvolvimento de capacidades, sentimento de gratificação com o trabalho etc.

Contudo, assim como ele oferece oportunidades de desenvolvimento e relacionamento, ele também pode representar grandes perigos para a saúde psicológica.

Pressão por resultados cada vez maiores, relações com colegas e superiores contaminadas por sentimentos ruins, pouca valorização ou comprometimento com as tarefas, salários baixos, poucos recursos para o exercício da função e instabilidade no cargo são apenas alguns dos fatores que têm adoecido milhares de trabalhadores ao redor do mundo.

10.1 Saúde e doença mental no trabalho

De maneira simplificada, saúde é um estado de normalidade do corpo, que conta com disposição física e mental. A Organização Mundial de Saúde (OMS) apresenta uma definição mais completa: saúde é a ausência de doença somada a um perfeito bem-estar físico, mental e social.

Ao tomar a perspectiva de saúde por meio da definição da OMS, pode-se iniciar algumas reflexões sobre a influência do trabalho na saúde física e mental. A primeira constatação se dá por meio dos números alarmantes que colocam o Brasil como um dos países nos quais mais acontecem acidentes de trabalho. Ou seja, trabalhar pode ser perigoso.

Outro fator que corrobora essa tese são os números altos de licenças médicas, afastamentos por invalidez e aumento de doenças ocupacionais. Tudo isso, além de prejudicar a saúde e a produtividade, também afeta a saúde psicológica do trabalhador ao mexer com a autoestima e trazer inseguranças.

Figura 10.1 - Quando a autoestima está baixa, surge o sentimento de insegurança e medo.

Da mesma maneira que pode trazer prazer e satisfação, o trabalho também pode representar sofrimento psicológico e adoecimento. Como falado anteriormente, muitas pressões têm levado os trabalhadores a sofrer transtornos psicológicos.

Desconhecer, ignorar ou menosprezar o resultado dessas pressões sobre a saúde mental é um risco que pode custar caro para o desempenho da organização e, principalmente, para o futuro do trabalhador.

Felizmente, tem crescido a conscientização por parte dos trabalhadores sobre a necessidade de pedir ajuda quando necessário, e as empresas têm dado atenção maior para oferecer melhores condições de trabalho.

AMPLIE SEUS CONHECIMENTOS

"Como é que conseguimos manter as crenças que temos em nós de forma a vivermos menos ansiosos e com mais alegria?"

Leia a respeito de autoestima em: <http://www.escolapsicologia.com/como-melhorar-a-auto-estima/>. Acesso em: 9 fev. 2020.

10.2 Fatores de risco à saúde mental no trabalho

Segundo a OMS, cerca de 30% dos trabalhadores sofrem de transtornos mentais leves e, entre 5% e 10%, enfrentam problemas psicológicos graves.

O trabalho representa um importante fator para a constituição da subjetividade da personalidade, garantia de subsistência, a definição de *status* social e do modo de vida, além da possibilidade de relacionar-se com outras pessoas e desenvolver potencialidades e competências. Portanto, a ocorrência de desemprego ou o sentimento de insegurança quanto à estabilidade podem trazer estresse, angústia e outras formas de sofrimento.

Excesso de carga de trabalho, jornadas longas e aumento da pressão por resultados são outras causas frequentemente citadas como motivação para o surgimento de doenças psicológicas.

Quando não há definição clara sobre os papéis ocupados no trabalho, também pode haver a ocorrência de angústia e desmotivação. Trabalhadores forçados a exercer muitas funções ao mesmo tempo costumam sofrer com isso.

Problemas de relacionamento, como disputas por espaço, poder e autoridade também levam ao sofrimento psíquico. Já se comprovou ser altamente prejudicial para a saúde mental o trabalho em ambientes contaminados por egoísmo, inveja, fofocas e hostilidade.

A sensação de desvalorização do trabalho exercido é outra fonte de sofrimento para milhares de trabalhadores. Receber baixos salários, sofrer de assédio moral e não encontrar significado relevante na atividade realizada são condições que afetam brutalmente a maneira como a pessoa pensa e sente o trabalho.

Finalmente, a saúde mental também pode ser influenciada por questões ambientais, como contatos com elementos tóxicos, excesso de barulho contínuo, condições de trabalho precárias, exposição a situações estressantes e que oferecem risco, assim como trabalho em condições insalubres.

10.3 Estresse ocupacional

Estresse é definido como uma reação do organismo frente aos agentes físicos ou psicológicos, quando a pessoa se confronta com algo que provoca irritação, medo e excitação.

Perturbações que alteram o equilíbrio físico ou psicológico do trabalhador são definidas como estresse ocupacional. A ocorrência do estresse no ambiente de trabalho acontece, principalmente, em função de cargas de trabalho excessivas, condições de trabalho ruins, pressão exagerada por resultados e submissão ao assédio moral.

AMPLIE SEUS CONHECIMENTOS

"O estresse ocupacional é o conjunto de perturbações que caracterizam o desequilíbrio físico e psíquico e que ocorrem no ambiente de trabalho. [...]"

Saiba mais em: <http://brasilescola.uol.com.br/psicologia/stress-ocupacional.htm>. Acesso em: 9 fev. 2020.

Algumas ocupações têm se destacado na ocorrência de estresse ocupacional. Entre elas, serviços bancários, atendimento ao público, vendas, policiamento, telemarketing, educação e saúde. Porém, o estresse ocupacional não é exclusividade dessas áreas, pois têm aumentado os relatos de trabalhadores que sofrem de estresse nas mais diferentes áreas e funções. Empresas que possuem problemas quanto às distribuições de tarefas e que limitam a autonomia de seus funcionários costumam ser locais em que ocorrem mais relatos de estresse ocupacional.

Outro fator importante para a formação do estresse ocupacional diz respeito às condições de trabalho que a empresa oferece aos funcionários. Trabalhar com recursos limitados ou precários gera frustração, angústia e irritação.

Entre os inúmeros motivos que podem originar situações de estresse, um deles tem recebido destaque nos estudos sobre saúde ocupacional: relacionamentos interpessoais.

Tanto as relações dentro do ambiente de trabalho quanto o contato diário de profissionais que atuam diretamente com o público têm se mostrado grande fonte de geração de estresse, o que pode gerar desde descontentamento e frustração com o trabalho, comportamentos violentos, problemas de saúde, até situações mais graves, como transtornos psicológicos.

10.4 Síndrome de *burnout*

Descrito inicialmente em 1974 pelo médico estadunidense Herbert Freudenberger (1923-1999), a síndrome de *burnout* é um distúrbio psíquico que está classificado no CID-10 (Classificação Estatística Internacional de Doenças).

O *burnout* é caracterizado por um estado de tensão emocional e estresse crônicos que levam ao desgaste emocional e esgotamento físico, prejudicando os relacionamentos e o desempenho do trabalhador.

Profissões ligadas a atividades que envolvem o contato direto interpessoal são as que mais provocam quadros de esgotamento emocional. Dupla jornada de trabalho, excesso de horas trabalhadas e relações pessoais desgastantes também costumam provocar quadros de *burnout*.

Os principais sintomas apresentados por profissionais que sofrem dessa síndrome são o cansaço intenso e ininterrupto, mudanças bruscas de humor, lapsos de memória, ansiedade, depressão, baixa autoestima, pessimismo, isolamento, atitudes negativas e frequentes ausências ao trabalho. Outros sintomas comuns são dores musculares constantes, insônia, sudorese, palpitação, enxaqueca, problemas estomacais e pressão alta.

É importante lembrar que somente com a apresentação de muitos desses sintomas e com o parecer de um médico especialista, é que se torna possível diagnosticar a síndrome de *burnout*.

Pessoas que sofrem desse transtorno psicológico costumam apresentar queda repentina de desempenho e comportamento pessimista e de isolamento. Quando a empresa não está preparada para identificar e auxiliar esses profissionais, infelizmente, é comum ocorrer dispensas.

O tratamento para a síndrome consiste em psicoterapia e utilização de antidepressivos, atividades físicas e de relaxamento. Tratada corretamente, a síndrome de *burnout* tem cura.

10.5 Como as empresas lidam com as doenças mentais

Infelizmente, ainda são poucas empresas que estão preparadas para perceber e auxiliar profissionais que enfrentam quadros de sofrimento psicológico. O que ainda se vê muito é preconceito, indiferença e a crença de que problemas psicológicos nada mais são do que sinais de preguiça ou fraqueza.

Esse tipo de postura impede que as empresas percebam que fatores internos estão contribuindo para esses problemas. Ainda é comum ver chefes que, além de exercerem comportamentos hostis que oprimem e sufocam seus funcionários, também consideram fracassados aqueles que sucumbem à pressão física e psicológica.

Lentamente esse cenário está mudando, seja pela percepção dos prejuízos que tanta pressão tem causado tanto para a produtividade, quanto para os profissionais, seja pelo crescimento de processos judiciais por assédio moral e condições insalubres ou inadequadas ao trabalho.

Empresas que antes ignoravam o problema hoje começam a adotar uma postura mais proativa, no sentido de identificar fatores internos estressantes, e orientar lideranças e auxiliar profissionais em dificuldades.

Além da redução dos estímulos estressores, outras ações que têm sido disseminadas nas empresas preocupadas com esse problema são: oferecer condições de trabalho adequadas, diminuir a carga de trabalho extra, redefinir com mais exatidão as tarefas, direitos e deveres e, finalmente, habituar-se a organizar ações que promovam um bom clima organizacional.

Algumas organizações também oferecem acompanhamento psicológico, dinâmicas de grupo, grupos de relaxamento e meditação, além de orientação para que o profissional retome a autoconfiança, a motivação e consiga dar novo significado ao sentimento em relação ao trabalho.

//// **VAMOS RECAPITULAR?**

Neste capítulo, abordamos os fatores de risco à saúde mental no trabalho e como as empresas costumam lidar com as doenças.

AGORA É COM VOCÊ!

1. Como é definido o estresse gerado dentro do trabalho?

   a. Perturbações que mantêm a pessoa em estado crônico de agitação e tensão.

   b. Perturbações que alteram o equilíbrio físico ou psicológico do trabalhador, definidas como estresse ocupacional.

   c. Alterações que impossibilitam o profissional de manter o foco no trabalho.

   d. Perturbações que modificam o ciclo de sono e o rendimento da atenção.

   e. Alterações que impactam negativamente as condições psicofisiológicas da pessoa.

2. Como estresse pode ser definido?

   a. É uma reação do organismo frente aos agentes físicos ou psicológicos.

   b. É uma ação do organismo frente aos agentes físicos ou psicológicos.

   c. É uma patologia do organismo frente aos agentes físicos ou psicológicos.

   d. É uma transformação do organismo frente aos agentes físicos ou psicológicos.

   e. É uma acomodação do organismo frente aos agentes físicos ou psicológicos.

3. O tratamento para a síndrome de *burnout* consiste em quê?

   a. Psicoterapia e utilização de antibioterapia, atividades físicas e de relaxamento.

   b. Psicoterapia e utilização de anticonceptivo, atividades físicas e de relaxamento.

   c. Psicoterapia e utilização de antivirulento, atividades físicas e de relaxamento.

   d. Psicoterapia e utilização de antigripal, atividades físicas e de relaxamento.

   e. Psicoterapia e utilização de antidepressivos, atividades físicas e de relaxamento.

11

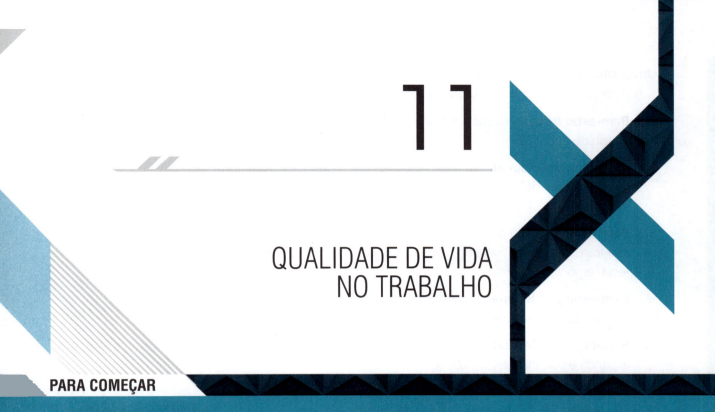

QUALIDADE DE VIDA NO TRABALHO

PARA COMEÇAR

Neste capítulo, veremos a importância da qualidade de vida dentro e fora da organização, que transforma a integridade e a autoconfiança do indivíduo, gerando fatores e dimensões de eficiência no trabalho.

Conforme o trabalho ocupa mais espaço na vida, também aumenta o interesse por tentar encontrar um equilíbrio, de modo que ele não prejudique a vida familiar e vice-versa.

Infelizmente, ainda é comum ouvir histórias de empresários ou funcionários bem-sucedidos que têm como frustração a certeza de que a dedicação à carreira atrapalhou a vida afetiva e o contato com os filhos.

Qualidade de vida é um assunto que tem crescido por parte das organizações, pois há muito tempo se sabe que, no longo prazo, um funcionário que se dedica demais ao trabalho e abre mão da família acaba com problemas que poderão refletir em sua saúde física e mental, motivação e desempenho profissional.

O termo **qualidade de vida** refere-se às condições de vida de uma pessoa e envolve diversos aspectos, como o bem-estar físico e mental, os relacionamentos sociais e familiares, a educação e o acesso a direitos como água tratada, saneamento de esgoto, acesso a hospitais, entre outros. A ONU criou um índice IDH para avaliar o desenvolvimento humano dos países.

11.1 Dimensões da qualidade de vida

Diversos livros e teses foram escritos nos últimos anos com o intuito de compreender quais fatores interferem na percepção sobre a qualidade de vida e de que maneira governos e organizações podem trabalhar para oferecê-la às pessoas.

Uma maneira eficiente de compreender esses vários fatores ou dimensões que dizem respeito à qualidade de vida é dividindo o assunto nos seguintes itens:

a. **Bem-estar físico:** corresponde à saúde física, às condições de saúde, à inexistência ou controle adequado de doenças.

b. **Bem-estar emocional:** diz respeito às condições psíquicas e afetivas do indivíduo. Está relacionado à qualidade de seus relacionamentos, à autoestima, ao controle das próprias emoções e à automotivação.

c. **Bem-estar social:** é o convívio em sociedade. A maneira como se dão as relações com familiares, amigos e colegas de trabalho deve ser saudável para gerar bem-estar social, o que auxilia no bem-estar emocional.

d. **Bem-estar profissional:** é a satisfação em relação à profissão, às atividades que desenvolve, ao cargo que ocupa e às relações que mantém no ambiente de trabalho.

e. **Bem-estar intelectual:** demonstra a capacidade criativa da pessoa. Tem relação com o hábito de expandir e partilhar ideias e conhecimentos.

f. **Bem-estar ambiental:** diz respeito à relação que o indivíduo mantém com o meio no qual ele vive e as consequências dessa relação na sua qualidade de vida.

g. **Bem-estar espiritual:** implica na maneira como a pessoa lida com questões tais como o sentido da vida, o autoconhecimento e a busca pela espiritualidade.

Essas dimensões podem ser tema de atenção da pessoa individualmente para serem discutidas nas organizações.

11.2 Satisfação e bem-estar no trabalho

Antes de iniciar a compreensão sobre satisfação no ambiente profissional, é importante destacar que o próprio termo **satisfação** é passível de questionamentos. Ainda que em dicionários sua definição seja "ato de satisfazer-se, contentar-se ou sentir prazer", a sensação de satisfação pode variar de uma pessoa para outra. Um trabalhador pode valer-se de fatores racionais como salário e benefícios para definir sua satisfação, ou de critérios afetivos, como gosto pela atividade desenvolvida ou relacionamentos.

Diferentes pesquisas têm demonstrado que, assim como a motivação, a questão da satisfação é resultado de fatores internos com estímulos externos. Especialistas em comportamento humano e gestores de recursos humanos apontam os seguintes fatores como mais influentes para a satisfação no trabalho:

a. **Sentimento em relação à função:** pessoas satisfeitas profissionalmente costumam mencionar o sentimento de realização em relação às tarefas que desempenham. Sentir-se útil, perceber que pode utilizar suas habilidades e competências, sentir-se valorizado e compensado financeiramente são os componentes do "gostar do que se faz".

b. **Relações positivas e agregadoras:** consiste na qualidade dos relacionamentos que o trabalhador estabelece com colegas de atividade e lideranças. Trabalhar em um local no qual as pessoas se respeitam, valorizam-se e auxiliam-se é fator determinante para a satisfação do trabalhador e até mesmo para a decisão de permanecer no emprego, mesmo diante de outra oportunidade.

c. **Concordância com os valores da organização:** a pessoa conhecer, concordar e promover a cultura da empresa. Ou seja, ela deve compartilhar das crenças, normas e objetivos da organização.

d. **Envolvimento e comprometimento:** trabalhadores satisfeitos costumam demonstrar que estão empenhados em entregar resultados cada vez melhores, ao mesmo tempo que torcem pelo sucesso de todos.

11.3 Estratégias organizacionais para lidar com estresse

Como vimos anteriormente, o estresse ocupacional é um dos fatores que mais causam acidentes de trabalho, problemas de relacionamento, afastamentos por problemas de saúde, queda na produtividade e desmotivação.

O aumento da pressão por resultados melhores, a diminuição dos quadros de colaboradores das organizações, o avanço da automatização, os momentos de crise econômica e a sensação de insegurança quanto à estabilidade profissional são apenas alguns dos fatores que têm contribuído significativamente para o aumento da percepção de estresse.

Há algum tempo as organizações têm procurado desenvolver estratégias para evitar, diminuir e administrar o estresse entre seus trabalhadores. Para tanto, recorrem a inúmeras formas de lidar com o problema.

Algumas organizações contratam palestras motivacionais e treinamentos, que visam ensinar seus colaboradores a adotar perspectivas diferentes para lidar com os problemas e aprender a administrar os momentos de tensão. Outras utilizam-se de profissionais como médicos, enfermeiros, nutricionistas e fisioterapeutas para orientar os funcionários sobre como lidar com a pressão diária, envolvendo mudanças de hábitos alimentares, controle de fatores que aumentam o estresse e administração da saúde.

Entre as diversas propostas de mudanças de posturas para lidar melhor com as emoções e os problemas, algumas organizações fazem uso de aulas de ginástica laboral, criação de grupos esportivos e de autoajuda, como os vigilantes do peso, por exemplo.

Outras organizações procuram dar um passo além, criando espaços específicos e adequados ao descanso e à interação das pessoas. Algumas chegam a manter psicólogos e terapeutas dedicados a promover o autoconhecimento, o gerenciamento das emoções e o aprendizado sobre como lidar com a pressão e o estresse diários.

11.4 Programas de qualidade de vida no trabalho

Enquanto muitas organizações possuem apenas atividades esporádicas visando oferecer condições que influenciem a motivação do trabalhador, outras procuram estruturar programas formais e permanentes com o intuito de promover a qualidade de vida entre seus colaboradores.

Esses programas chegam a ser tão importantes nas políticas de recursos humanos que são utilizados como propaganda institucional para atrair novos funcionários e na participação em concursos que premiam empresas com os melhores climas organizacionais, as famosas listas das "melhores empresas para se trabalhar".

> **FIQUE DE OLHO!**
>
> Conheça as 150 melhores empresas para trabalhar (dados de 2019) em: <https://exame.abril.com.br/carreira/conheca-as-150-melhores-empresas-para-trabalhar-em-2019/>. Acesso em: 9. fev. 2020.

São centenas de exemplos de programas em empresas de variados portes e segmentos que pretendem melhorar a qualidade de vida de seus colaboradores. Algumas experiências têm se repetido com mais frequência:

a. programas de saúde que enfatizam e promovam ações de prevenção de doenças e promoção da saúde, como grupo de fumantes, orientação a problemas de saúde comuns, como diabetes e controle do colesterol, e incentivo a hábitos alimentares saudáveis;

b. incentivo à pratica esportiva, seja por meio de implementação de academias internas, grupos esportivos para práticas como corrida e ciclismo e/ou incentivos financeiros a quem participa dessas ações;

c. criação de benefícios diferenciados de outras empresas, como implementação de creches dentro da organização, pagamento integral de bolsas de estudos, incentivo à participação em eventos culturais e possibilidade de flexibilização de benefícios como plano de saúde;

d. implementação de espaços dedicados ao descanso, lazer, relaxamento, integração e descompressão do estresse cotidiano.

Esses são apenas alguns exemplos de iniciativas, disseminadas entre empresas que se preocupam em aumentar a satisfação do trabalhador, a produtividade e diminuir o absenteísmo.

11.5 Temas contemporâneos sobre o trabalho

Desde sempre o ser humano precisa executar tarefas que garantam sua sobrevivência, proteção e acesso a condições melhores de vida. O trabalho sempre desempenhou papel importante na vida da humanidade e, nesse tempo todo, as maneiras de se trabalhar têm mudado bastante e em uma velocidade cada vez maior.

Os avanços tecnológicos, as descobertas científicas, a modernização das leis trabalhistas e até mesmo o aumento da expectativa de vida têm contribuído para as transformações na maneira como a humanidade exerce o trabalho.

É possível observar mudanças nos formatos de relações trabalhistas, no uso de tecnologias para a produtividade, no exercício das mais diferentes atividades, no aumento do trabalho à distância. Mudanças também são observadas na maneira como os trabalhadores têm procurado se desenvolver e ofertar seus serviços.

São muitas as mudanças que deixam os mais tradicionais confusos e aflitos ao rememorarem tempos nos quais se sonhava em fazer carreira e aposentar-se na primeira empresa em que se começou a trabalhar.

11.5.1 Futuro do trabalho

Tentar prever o futuro do trabalho tende a ser uma tarefa cada vez mais complicada e arriscada, mesmo para especialistas no assunto. É algo como projetar um filme de ficção científica: tem a chance de gerar uma grande expectativa, a qual aumenta a cada palpite. Ainda assim, é papel das Ciências Sociais, da Administração e também da Psicologia tentar prever novos cenários para o futuro do trabalho.

É fato que a tecnologia ocupará um espaço cada vez maior nos processos produtivos e que isso aumentará o desemprego, mas também possibilitará que haja mais tempo livre para se dedicar à família, ao descanso e às atividades de lazer. Porém, assim como outras revoluções tecnológicas anteriores, essas mudanças também trarão novas oportunidades de trabalho, seja pelo surgimento de novas necessidades e profissões, seja pela mudança da perspectiva de atuação das profissões atuais.

Esse cenário leva à seguinte questão: a necessidade cada vez maior da qualificação dos trabalhadores. As organizações já perceberam isso e têm investido muito na formação e aperfeiçoamento de seus funcionários. Ao mesmo tempo, tem crescido o número de trabalhadores que voltam a estudar, seja para complementar o nível de escolaridade, com uma faculdade, seja participando de cursos complementares que ajudarão no aumento da empregabilidade.

Novos formatos de carreiras também se vislumbram no horizonte. Se antigamente a pessoa entrava no mercado de trabalho com a perspectiva de desempenhar apenas uma profissão por toda vida, hoje é cada vez mais comum profissionais desempenharem funções diferentes ao mesmo tempo ou logo após se aposentarem. Cresce também a possibilidade de experiências de empreendedorismo, prestação de serviços para vários clientes, trabalho em tempo parcial e o trabalho à distância.

No mundo todo, governos e legisladores têm procurado acompanhar essas mudanças, tentando organizar esses novos formatos de trabalho e, ao mesmo tempo, procurando preservar direitos trabalhistas e previdenciários.

11.5.2 Trabalho à distância

Uma definição corrente sobre o que é trabalho à distância é da Organização Internacional do Trabalho (OIT): "A forma de trabalho efetuada em lugar distante do escritório central e/ou do centro de produção, que permita a separação física e que implique o uso de uma nova tecnologia facilitadora da comunicação".

Nos últimos anos, o trabalho à distância, *home office*, trabalho remoto ou teletrabalho, tem sido muito debatido, experimentado (por poucos) e aguardado (por muitos) que enxergam nessa forma de trabalho uma verdadeira revolução nas relações produtivas, na qualidade de vida e até na mobilidade diária de milhões de trabalhadores.

//// AMPLIE SEUS CONHECIMENTOS

Para saber mais sobre home office e suas vantagens e desvantagens, acesse o link do Sebrae: <http://bit.ly/2Sx4tvf>. Acesso em: 9 fev. 2020.

As principais vantagens apontadas por especialistas no assunto são a flexibilidade de horários que o trabalhador pode adotar, a diminuição considerável dos congestionamentos, o ganho de tempo para estar próximo da família e a possibilidade de encontrar tempo para atividades esportivas.

No Brasil, algumas experiências recentes têm sido desenvolvidas em empresas como Ticket, 3M, Phillips, Unisys, Softtek, Avaya e AES Brasil.

Porém, entre aqueles que não concordam com o *homeoffice*, as principais alegações são: a legislação trabalhista atual desestimula esse tipo de trabalho; nem todos os trabalhadores possuem perfil para trabalhar à distância; corre-se o risco de diminuir a interação dos funcionários; e pode haver queda na produtividade.

Especialistas em recursos humanos apontam que, para manter um bom desempenho, mesmo longe do trabalho, o profissional necessita de algumas características e posturas, entre elas: manter o foco nas metas a serem cumpridas, segregar um espaço para o trabalho que não se misture com o resto da casa, adotar uma postura séria quanto ao cumprimento de horários, manter o contato frequente com os colegas de trabalho, manter a organização e a disciplina na execução das tarefas, e manter-se motivado.

11.5.3 Automatização e robotização do trabalho

Ao longo da história, inúmeros avanços científicos e tecnológicos possibilitaram o aumento quantitativo e qualitativo dos meios de produção. Contudo, a automatização do trabalho trouxe consigo preocupações cada vez maiores quanto à possibilidade do aumento do desemprego, com a substituição definitiva do trabalhador pela máquina.

As fábricas são o ramo da economia que mais tem sido impactado com as possibilidades da automatização da produção. É cada vez mais comum empresas substituírem a mão de obra humana por máquinas que realizam tarefas complexas com precisão e velocidade cada vez mais impressionantes. O cenário futurista de uma indústria operada totalmente por robôs parece estar cada dia mais perto.

Mas não é somente a indústria que vem se transformando por meio da automatização de seus processos. Muitas outras atividades, antes realizadas por pessoas, hoje já começam a ser parcial ou totalmente automatizadas. Atendimento telefônico, prestação de serviços bancários, venda de ingressos de espetáculos, entre várias outras atividades, tem exigido cada vez menos trabalhadores e mais computação.

O que parece ser o sonho de muitos empresários ao mesmo tempo representa o pesadelo de muitos trabalhadores e governos preocupados com o desemprego e as consequências econômicas dessa nova realidade.

É importante lembrar que, ao mesmo tempo em que a mecanização e a robotização das atividades produtivas avançam e trazem o medo de desemprego, esse novo cenário também oferece a libertação do ser humano de tarefas cansativas e repetitivas, que, apesar de serem dignas como qualquer trabalho, pouco oferecem de desenvolvimento de talentos e capacidades do trabalhador.

Resta saber o que se fará com o tempo livre que as pessoas terão à medida que despenderão menos horas do dia com o trabalho. Alguns temem a monotonia, a violência e a melancolia. Outros pensam no ócio criativo.

11.5.4 Ócio criativo

O termo **ócio** significa tempo livre e disponível para não se fazer nada, para o descanso, a reflexão e a apreciação das coisas belas da vida.

Durante muito tempo, a palavra ócio era vista como algo pejorativo. Os defensores da produtividade consideravam que o "homem digno" não poderia não fazer nada. Isso seria comportamento de pessoas preguiçosas.

Porém, nem sempre foi assim. Os gregos consideravam o ócio como algo nobre, pois representaria o tempo dedicado à reflexão, ao espírito e à apreciação do que é belo. Na Antiga Grécia, o ócio valia mais do que o trabalho, tanto defendiam que o ócio era algo que deveria ser alcançado para ser desfrutado.

Aristóteles considerava o ócio uma condição na qual o indivíduo estava livre da necessidade de trabalhar e que isso consistia na base para a felicidade. Essa visão somente era possível uma vez que, naquela época, grande parte do trabalho era feita pelos escravos, o que possibilitava tempo ocioso aos homens livres.

Já na Idade Média, o ócio começou a ser percebido como um intervalo para a diversão ou o descanso após um período de atividades. Ainda hoje percebe-se um misto de satisfação e sentimento de culpa sobre o ócio.

Nos últimos anos tem se falado bastante sobre um conceito desenvolvido pelo sociólogo italiano Domenico de Masi (1932-), o "ócio criativo". De Masi faz a seguinte afirmação: "o ócio pode transformar-se em violência, neurose, vício e preguiça, mas também pode elevar-se para a arte, a criatividade e a liberdade. É no tempo livre que passamos a maior parte de nossos dias e é nele que devemos concentrar nossas potencialidades".

Segundo De Masi, a tecnologia tem diminuído a necessidade da intervenção humana nos processos produtivos e isso levará a um aumento do tempo livre. Cabe a cada um encontrar o que fazer para tornar esse ócio criativo.

11.5.5 Empregabilidade e trabalhabilidade

As crises econômicas que o mundo tem atravessado desde a década de 1990 fizeram com que muitas empresas automatizassem processos, enxugassem o quadro de pessoal e aumentassem a sensação de instabilidade no emprego, pois hoje não existe mais a ideia de que se irá trabalhar por muitos anos no mesmo emprego.

A consequência desse cenário foi o aumento do desemprego, do empreendedorismo, do subemprego, da dupla jornada em empregos diferentes e o crescimento da ideia de que o trabalhador precisa fazer algo que seus pais não precisaram fazer nas décadas anteriores: cuidar da própria carreira como se fosse um produto, que deve ser atraente para o mercado de trabalho. Surge, com isso, o conceito de empregabilidade.

A ideia de empregabilidade consiste em tratar a própria carreira como um produto ou serviço valioso e que deve ser aperfeiçoado e divulgado para que torne o profissional altamente empregável.

Para se ter empregabilidade, é necessário desenvolver os seguintes requisitos: atuar em uma atividade para a qual se tenha vocação; desenvolver as habilidades necessárias ao desempenho da função em que se pretende ter sucesso; atualizar-se constantemente frequentando cursos e palestras; manter e desenvolver uma boa rede de contatos profissionais (*networking*); ter uma reserva financeira para momentos de crise; pensar na possibilidade de desenvolver uma segunda atividade como consultoria, aulas ou transformar um *hobby* em algo que dê dinheiro; cuidar da saúde física e mental; manter a motivação e o otimismo; e, por fim, saber equilibrar trabalho e vida pessoal.

Vale lembrar que, atualmente, está sendo utilizado outro conceito sobre a maneira como as pessoas estão gerenciando suas próprias carreiras e competências: trabalhabilidade. Essa palavra, inicialmente estranha, diz respeito às diferentes maneiras que o profissional pode encontrar para criar oportunidades de trabalho. Ou seja, é a capacidade de gerar trabalho seja como empregado, consultor, empreendedor ou de outra maneira pela qual a pessoa consiga oferecer seus conhecimentos e habilidades ao mercado de maneira justa e satisfatória.

/// VAMOS RECAPITULAR?

Neste capítulo abordamos as estratégias organizacionais, os programas de qualidade e os temas contemporâneos sobre o trabalho.

AGORA É COM VOCÊ!

1. Pode-se afirmar que qualidade de vida é um termo que se refere a quais condições?

a. Condições de vida, acesso a tecnologias, relacionamentos tranquilos e educação de qualidade.

b. Condições de trabalho digno, acesso ao sistema de saúde e relacionamentos assertivos no ambiente familiar.

c. Bem-estar físico e mental, relacionamentos sociais e familiares, educação e acesso a direitos como água tratada, saneamento de esgoto, acesso a hospitais etc.

d. Bem-estar com o próprio corpo e equilíbrio nas funções mentais.

e. Acesso a bens de consumo, educação adequada e trabalho bem remunerado.

2. A qualidade de vida é mensurada por intermédio de quatro dimensões. Entre elas, o bem-estar profissional, que é:

a. a preocupação com a família, a religiosidade, o trabalho e o lazer.

b. a satisfação em relação aos colegas, com respeito ao salário e à empresa.

c. a percepção de oportunidades de crescimento e de receber adequadamente.

d. a satisfação com a profissão, atividades que desenvolve, o cargo que ocupa e as relações que mantêm no ambiente de trabalho.

e. a preocupação em atingir as metas da vida, satisfação com o próprio corpo e equilíbrio no consumo de álcool.

3. O trabalho à distância ou *homeoffice* é entendido como:

a. forma de realizar o trabalho em cidades diferentes da base, ou matriz, da empresa.

b. forma de trabalho efetuada em lugar distante do escritório central e/ou do centro de produção, que permita a separação física e que implique o uso de uma nova tecnologia facilitadora da comunicação.

c. formato de trabalho em que as pessoas nunca têm contato pessoalmente.

d. formato de trabalho em que a pessoa vai à empresa uma vez por semana.

e. nova tendência para atuação de profissionais da área comercial.

4. A expressão ócio é explicada como:

a. tempo vago no qual a pessoa procura distrair-se da tensão do trabalho.

b. tempo perdido no qual a pessoa poderia estar produzindo e recebendo mais por sua produtividade.

c. tempo de refletir sobre os processos da empresa e as oportunidades de melhorias.

d. tempo livre, algo como um tempo disponível para não se fazer nada, podendo ser utilizado para o descanso, a reflexão e a apreciação das coisas belas da vida.

e. tempo disperso entre momentos de produtividade intensa e outros de redução da atividade para o descanso da mente e do corpo.

5. Um dos fatores que influencia a percepção de satisfação no trabalho é a concordância com os valores da organização. Isso significa que a pessoa tem a possibilidade para:

a. conhecer, interpretar e dar significado aos valores da empresa.

b. reconhecer, analisar e interpretar as normas e crenças da empresa.

c. conhecer, comparar e analisar as normas da empresa.

d. reconhecer, interpretar e concordar com as histórias da empresa.

e. conhecer, concordar e promover a cultura da empresa.

6. Ao elaborar os diversos aspectos que geram satisfação e bem-estar no trabalho, há o sentimento em relação à função. Ele é percebido por meio de:

a. profissionais qualificados, bem remunerados e valorizados pela empresa.

b. profissionais interessados, bem preparados e motivados para o trabalho.

c. profissionais satisfeitos com seus chefes, contentes com o salário e agradecidos por trabalharem onde estão.

d. profissionais satisfeitos profissionalmente que costumam mencionar o sentimento de realização em relação às tarefas que desempenham.

e. profissionais capacitados, satisfeitos e empenhados em apresentar resultados surpreendentes.

QUALIDADE DE VIDA NO TRABALHO

7. As mudanças no mercado de trabalho propiciaram o surgimento de novas maneiras de administrar a própria carreira, entre elas a empregabilidade, que significa:

a. tratar a própria carreira como se fosse um negócio, elaborando estratégias de divulgação e procurando estabelecer parcerias para obter negócios.

b. gerenciar o próprio destino para que os resultados sejam condizentes com suas necessidades e expectativas.

c. tratar a própria carreira como um produto ou serviço, que é valioso e deve ser aperfeiçoado e divulgado para que torne o profissional altamente empregável.

d. administrar as próprias emoções para empregá-las de maneira adequada nas relações sociais e poder contribuir com a sociedade.

e. tratar a própria carreira como se fosse uma empresa, estabelecendo metas a serem perseguidas e desenvolvendo novos serviços para oferecer ao mercado.

BIBLIOGRAFIA

AGUIAR, M. A. F. **Psicologia aplicada à Administração**: uma abordagem interdisciplinar. São Paulo: Saraiva, 2005.

BLANCHARD, K.; HERZEY, P. **Psicologia para administradores de empresas.** São Paulo: EPV, 1987.

BOCK, A. M. B. E C. TEIXEIRA, M. L. T.; FURTADO, O. **Psicologias:** a introdução ao estudo da Psicologia. São Paulo: Saraiva, 2000.

BOOG, G.; BOOG, M. **Manual de treinamento e desenvolvimento - Gestão E E**: gestão e estratégias. São Paulo: Prentice Hall Brasil, 2007.

CHAMON, E. M. Q. O. **gestão e comportamento humano nas organizações**. São Paulo: Brasport, 2007.

CHIAVENATO, I. **Introdução à teoria geral da Administração**. 8. ed. Rio de Janeiro: Campus, 2011.

CODO, W; SAMPAIO, J. J. C. **Indivíduo, trabalho e sofrimento**. Petrópolis: Vozes, 1993.

DAVIS, K.; NEWSTROM, J. W. **Comportamento humano no trabalho**. São Paulo: Pioneira, 2001.

DE MASI, D. **O ócio criativo**. Rio de Janeiro: Sextante, 2000.

DEJOURS, C. **A loucura do trabalho:** estudos de psicopatologia do trabalho. 5. ed. São Paulo: Cortez, 2002.

DIMITRIUS, J.; MAZZARELLA, M. **Decifrar pessoas**: como entender e prever o comportamento humano. São Paulo: Elsevier, 2000.

FIORELLI, J. O. **Psicologia para administradores**. São Paulo: Atlas, 2000.

_____. **Psicologia para administração**. 4. ed. São Paulo: Atlas, 2004.

FRANÇA, A. C. L. **Qualidade de vida no trabalho**. Rio de Janeiro: Atlas, 2004.

_____. **Stress e trabalho**: uma abordagem psicossomática. São Paulo: Atlas, 2005.

FRITZEN, J. S. **Relações humanas interpessoais**: nas convivências grupais e comunitárias. Rio de Janeiro: Vozes, 1987.

JOHANN, S. **Comportamento organizacional**: teoria e prática. São Paulo: Saraiva, 2013.

JUNQUEIRA, L. A. C. **Negociação**: tecnologia e comportamento. Rio de Janeiro: COP, 1998.

KANAANE, R. **Comportamento humano nas organizações**. São Paulo: Atlas, 1999.

KRUMM, D. **Psicologia do trabalho**. São Paulo: LTC, 2005.

LIMONGI-FRANÇA, A. **Qualidade de vida no trabalho – QVT:** conceitos e práticas nas empresas da sociedade pós-industrial. São Paulo; Atlas, 2004.

MUCHINSKI, P. M. **Psicologia organizacional**. São Paulo: Pioneira, 2004.

PEREIRA, B. A. M. **Burnout**: quando o trabalho ameaça o bem-estar do trabalhador. São Paulo: Casa do Psicólogo. 2002.

PINHEIRO, B. **O visível do invisível:** a comunicação não verbal na dinâmica de grupo. São Paulo: Ysayama, 1999.

RODRIGUES, A.; ASSMAR, E. M. L.; JABLONSKI, B. **Psicologia social**. 22. ed. Petrópolis: Vozes, 2003.

SKINNER, B. F. **Ciência e comportamento humano**. São Paulo: EDUSP,1974.

_____. **Questões recentes da análise do comportamento**. São Paulo: Papirus Editora, 1989.

ZANELLI, J. C. (Cols.). **Estresse nas organizações de trabalho**: compreensão e intervenção baseadas em evidências. Porto Alegre: Artmed, 2010.

_____. **Psicologia, organizações e trabalho no Brasil**. Porto Alegre: Artmed, 2004.

_____. **Psicólogo nas organizações de trabalho**. Porto Alegre: Artmed, 2002.